U0446363

來知德全集（輯校）

第八册

周易集注·上（影印）

〔明〕來知德 撰
郭東斌 主編
劉重來 薛新力 學術審稿

國家出版基金項目
NATIONAL PUBLICATION FOUNDATION
重慶市出版專項資金

重慶出版集團
重慶出版社

圖書在版編目（CIP）數據

周易集注．上 /（明）來知德撰；郭東斌主編．— 影印本．— 重慶：重慶出版社，2021.6
（來知德全集：輯校）
ISBN 978-7-229-15299-4

Ⅰ．①周… Ⅱ．①來… ②郭… Ⅲ．①《周易》- 注釋 Ⅳ．① B221.2

中國版本圖書館 CIP 數據核字 (2020) 第 189901 號

周易集注 · 上（影印）
ZHOUYI JIZHU · SHANG（YINGYIN）
〔明〕來知德 撰 郭東斌 主編

總 策 劃： 郭 宜 鄭文武
責任編輯： 王 娟 朱 江
美術編輯： 鄭文武 王 遠
責任校對： 何建雲
裝幀設計： 王芳甜

重慶出版集團
重慶出版社 出版

重慶市南岸區南濱路 162 號 1 幢 郵編：400061 http://www.cqph.com
重慶市聖立印刷有限公司印刷
重慶出版集團圖書發行有限公司發行
E-MAIL:fxchu@cqph.com 郵購電話：023-61520646
全國新華書店經銷

開本：787mm × 1092mm 1/16 印張：38
2021 年 6 月第 1 版 2021 年 6 月第 1 次印刷
ISBN 978-7-229-15299-4
定價：480.00 元

如有印裝質量問題，請向本集團圖書發行有限公司調換：023-61520678

版權所有 侵權必究

《周易集注·上（影印）》編委會成員

學術顧問：唐明邦 徐芹庭
主　　編：郭東斌
副 主 編：陳益峰 欒保群 陳禕舒
編　　委：王 玥 金生楊 郭東斌 陳果立 陳禕舒 陳益峰
熊少華 嚴曉星 欒保群
（按姓氏筆畫排序）

總目録

目録

康熙二十七年鐫

梁山來知德先生纂註

平山崔蓮生先生重訂

易經來註

寶廉堂藏板

翻刻必究

重刻易經來註序

易也者言數之書也然數立而象即寓乎其中則易又言象之書也自河洛兩圖出天地早以象示聖人而聖人則之以前民

用故宣聖云聖人設卦觀象繫辭焉而明吉凶又云極其數遂定天下之象可知卦爻非象無以立象不明卽聖人開物成務之道終有所未備也宋大儒輩

出精于易者葢不乏人或言理不言數或言數不言理考亭兼綜理數未嘗不裒集衆論彙其指歸然究于易象之旨闇晰尚多缺畧瞿塘來先生憂易象之

不明于天下也閉戸萬山中殫精竭智探索者三十年乃豁然有所解悟獨抒所見編爲易註發明前聖因數取象之意而補諸儒訓詁所未及其思深其心

苦矣夫先生表彰前聖開示後學其積力之久有明先達諸君子言之巳悉余何庸更置喙惟是先生僻處西南徼去中原數千里書成之日雖經梓行於世

第巴蜀屢經兵燹簡帙散失郎
一二縉紳舊族間有收藏未免
寶之篋笥亦落落如晨星後生
小子不及見不及聞者多矣余
於鹺務之暇購得先生遺本伏

而讀之見其增訂諸圖說分列綜卦錯卦及剖晰中爻獨備諸理解雖四聖人復起有不能易其言者然後知前古聖人之取象原本乎易中一定之理頭如

日星在天江河行地確然不可移易而非有所懸擬臆度於其間也先生之致力于易也深矣先生之爲功于四聖人也大矣乃聽其日久失傳弗獲廣爲流

布不幾令先生加年著述之苦心湮沒無聞而易象之旨終不明于後世耶爰捐俸重刻公之海內非敢云微顯闡幽竊附先生曠代之知巳然俾後之讀易

者披覽先生之書凡易象中一切疑義悉瞭然若指諸掌不僅借章句帖括畢此專家於以羽翼經傳扶進來學未必無小補云

康熙二十七年歲次戊辰仲冬
上浣
賜進士出身總理兩淮江廣河南
等處都轉運鹽使司加
勅兼鹽法道副使前知揚州府事

平山後學崔崋蓮生父題於鹽署之寶廉堂

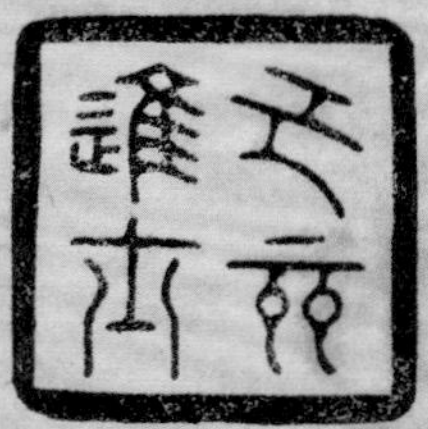

序

從來不朽之著作必待不朽之人而後成所謂不朽者以其必傳故也然或傳矣而容有不能盡傳之時又必待不朽之人以代爲之傳此其間若有天焉以作之合而非意計所能料

也瞿塘來先生易注一書於易象獨有所發明其精思朗悟直與作易四聖人心相印合雖濂洛考亭推測猶有未逮況其下此者乎帙成一時名公鉅卿序而梓行之以爲此必傳之書也乃蜀省遭獻賊蹂躪舊時文獻

悉灰燼於咸陽劫火中而先生之書
遂成斷簡殘編矣余筮仕得蜀之宐
賓令去先生里居甚近邑縉紳耆舊
爲余言先生行誼甚悉且交口贊其
易注一編乃前代所未有蓋先生性
至孝登賢書後將赴禮闈先生母夫

人送至門淚盈盈欲下滴先生驚異跽而請曰公車喜事也母何悲之甚耶母夫人曰兒每他出予必倚是閭而望今遠行歸不可定是以悲耳先生大慟遂終身不上春官閉戶著書精研易理歷三十年始洞徹易象諸

解噫先生之至性如此其篤而力學
又如此其專且久非天地間不朽之
人能易有此不朽之著作乎哉余心
慕先生之爲人因遍訪先生之易注
兾一聆其緒論而卒不可得宜考廉
宋子西山曾言字水舊族藏有遺本

許購以見示余因避地崇陽去舊治
千餘里隔於烽燧音問阻絶雖幸間
道歸里終以不及見先生易注爲憾
戊辰春過維揚兩淮轉運使蓮生崔
公祖余同年友也雅好藏書一切典
籍購訪不遺餘力余以來先生易注

拳拳者數矣兹幸於姑蘇舊肆中獲
此遺編歸以示余相與擊節賞嘆因
捐俸重鐫公之海內焉是何異出壁
經於秦灰俾聖賢傳註復昭揭天壤
間乎方

今聖天子崇儒嗜學

詔求天下遺書而於六經解註尤爲鄭
重異日公釐政報最
內擢卿尹當持是刻獻之
闕廷
頒行天下學宮以廣布我
皇上敦崇經術之盛心使習易諸後學咸

有所啓迪則注易之人與重刻易注之人其功正相等不且併垂不朽耶夫余以數十年勞夢寐瘁奔走不可必得之書一旦獲窺其全豹其爲鼓舞欣慶當不自知其如何因歷敘購書顛末綴語簡端用紀其事且以誌

余快焉乃不禁慨然曰不朽之著作又必待不朽之人以代爲之傳者余友崔公之謂也

康熙戊辰仲冬壽春後學謝開寵題

重刻來先生易註序

瞿唐來先生註易若干卷史念冲先生序而梓之蓋在明季之壬申歲也先生既沒而西蜀屢經兵燹板燬無存世之傳者絕少平山崔夫子夙精易理其於諸儒講易之義無不融會貫通而於是書尤服膺不釋以其板之散失而慮末學之檮昧無以廣其傳也每爲咨嗟嘆息及蒞任兩淮購得舊本不勝喜躍爰捐俸重梓之而命方岐爲之序岐受而讀之既服來先生之書足以嘉惠後學而深歎吾夫子表章之功

爲不朽也爰爲之序曰昔人有言六經之文天地之
文也天地不能自文假聖人之手而文之耳是故盈
天地間皆道也則皆易也卦爻彖象之義備而萬物
之情見矣凡以明斯道之變易而無往不在也道原
於太極太極生陰陽陰陽一道也其至微者理至著
者數故極其數所以定天下之象著其象所以順性
命之理尚其辭可以明理推其變可以明數未有舍
理與數而能得其意者也惟是九師之旨發端田何
離岐而爲京房翼奉孟喜郎顗之學等於讖緯而數

聖人開物成務之道隱矣宋儒伊川先生作易傳謂吉凶消長進退存亾之道皆可由詞以考意此準乎理者也堯夫先生求易於詞之外謂有後天之易有先天之易用以推占事物可以前知此主乎數者也自二說並與言理者則宗伊川言數者則宗堯夫同名爲易而莫能相一晦菴先生兼之而爲本義啓蒙其說曰有是理則有是象有是象則有是數蓋本無朕之中而無窮之理已具有揲蓍之數而前民之用自彰可謂備矣復有仙井南溪諸說既與卦變有所

未合而文王之序卦孔子之雜卦終未闡其秘也岐少讀易殊多憒憒及讀來先生易註而曠若發蒙先生於易沈潛反復有年數年而悟伏羲文王之象又數年而悟文王序卦孔子之雜卦又數年而悟諸儒卦變之非謂伏羲之卦主於錯文王之卦主於綜本於至微之理明乎至著之象縱横順逆無一非造化自然之妙而非有所穿鑿於其間自註易以來未有闡發如先生者也今

聖天子右文宣化每詔儒臣修明經學以昭示來茲而

吾夫子之是刻也尊聖制也表遺經也砥俗學也一舉而三善備焉使世之儒者知易道之廣大悉備不同於軌策占算之書而亦非章句訓詁之儒所能窺其藴且令世之學易者知讀經必須讀傳觀數必先觀象本乎自然之理以極乎無窮之數潔淨精微不假安排而天下之理自得將先生窮經學古之心不沒於後世而吾夫子崇信表章之至意亦與之俱永也夫

康熙戊辰年十一月淮南後學王方岐謹敘

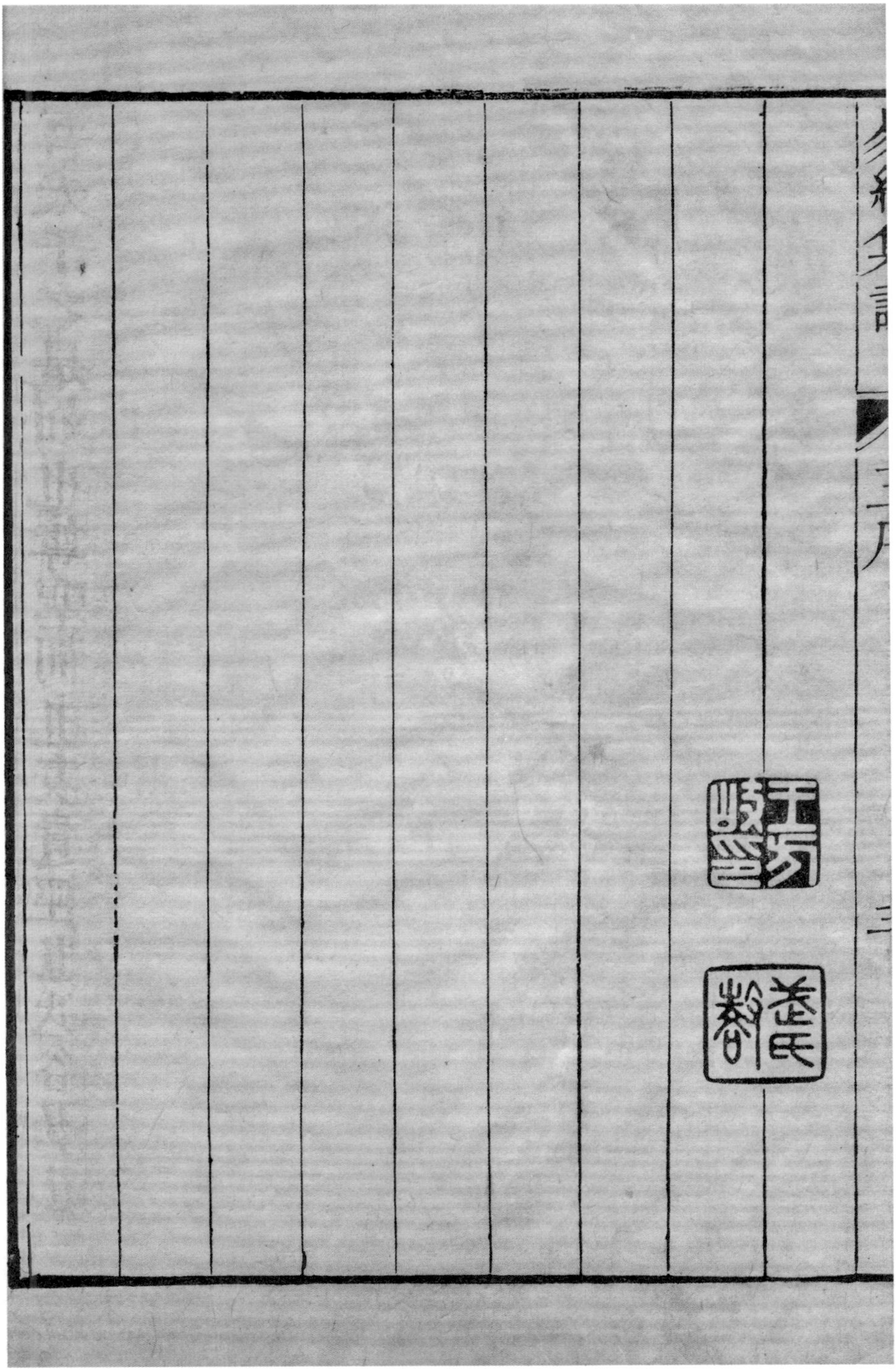

重刻來瞿塘先生易經集註校訂姓氏

壽春　謝開寵　晉侯甫

廣陵　王方岐　武徵

武川　朱　慎　其恭

石邑　崔如岳　雪峰仝訂正

上谷　許鶴齡　長年

西泠　曹　斌　次英

南譙　李如梓　孝叔

甬上　李　開　子實

易經集註　姓氏　一

燕城　郭彭齡　商山

范陽　徐　元　燕山

蒲吾　郭鎮久　衍斯

都門　范敦厚　濂若

壽春　謝家樹　蔭鄰

蒲吾　崔攀雲　占五仝校閱

古歙　俞廷棟　吉雲

大清康熙二十七年仲冬重校正於廣陵書院

來瞿唐先生易註原序

楊子雲氏蜀之言易者也太玄一書劉歆訾其覆瓿桓譚稱其必傳袁滋之入蜀也二程指之而見薛翁焉恍然有會然則楊薛二氏之易蜀易也非宓羲姬文之易也蓋瞿唐先生之言曰自尼父歿而易道亾矣四聖之易千載長夜予驟聞之猶河漢而無極也關中張仲衡氏刻先生易註及日錄成授予讀之卒業予殆規規然自失也夫易也者象也象生數數生變化參伍以變錯綜其數通變成文極數定象尼父

之言也先生何以用錯綜不用參伍也或曰參兩倚數兼三成卦九六生爻聖人蓋嘗用之姑留此錯綜之一法以待先生而非也天維八柱地錯九州日出東沼月生西陂山島竦峙草樹榮枯推之萬物莫不盡然而況龍圖龜書奇偶縱橫八卦綜緯因乎固然智者觀乎錯綜之象而思過半矣先生生乎百世之下冥契太極之先獨居覃思於求溪山中積三十年而成易註其學以無欲爲宗以克己爲門以神明默成爲奥斷然以聖人可學而以天下萬世爲己任故

其所自爲太極圓圖錯綜變互正偶同雜情體象變壹切圖說皆上窮鴻濛下闚黃泉中賅賾隱幾深直抽宓羲姬孔之緼而爛長夜之旦於中天非夫居深山之中洗心藏密以神明其德而能若是乎西伯羑里厥有繇辭姬公徂東乃繫六爻尼父假年奥演十翼瞿唐西歸幾研象數記曰潔淨精微易之教也淮南子曰清明條達易之義也漢儒束於教宋人暢其義而象幾微矣先生有功於易者也通象外之意蘊繫表之言義之源也教之宗也變化之門也故夫先

生之易非蜀易也而宓犧姬孔之易也雖然河圖一圈宓犧一畫猶後天爾試問太極未判白黑未分象於何錯數於何綜謂象以盡意而萌一意且造一象謂數以定象而造一象又豈必盡畫然之數則造化實在人心而神明默成眞有存乎其人者先生復起不容有言請以質之吾仲衡氏都門鄭繼芳撰

來瞿唐先生易註原序

夫易何爲者哉龍馬負圖偶奇錯綜而易行乎其中聖人者出則以卦效以爻闡以辭而各指其所之易道備矣孔子生於衰周之季五十以學易至於三絕韋三折鏑乃喟然歎曰作易者其知道乎其知變化之所爲乎然不錯不綜變化何自而生故又曰錯綜其數非天下之至精至神孰與於此孔子沒而易統散商瞿梁丘子而下教濫緒棼箋之解之疏之傳之龜筴之測贊之譚易彌繁去易彌遠如舍柁泛海之

舟昧鍼苾而迷斗樞也如崔盧王謝各高標其祖禰而竟非天潢正派也陽九吾易者寧必羸炬哉西蜀矣鮮先生發憤於千載之長夜絕意軒紱研精覃思幾三十年而始悟大易宗旨盡括於錯綜一言所云錯綜者非以意錯之綜之之謂也八卦六爻之情體四正四隅之撰雜錯者不得不錯綜者不得不綜左而右右而左低而昂昂而低不煩思議無假安排雲漢麗乎天川嶽麗乎土動靜順逆麗乎人事無之非錯綜無之非變化可以見見可以不見見可以聞聞

可以不聞聞而以之冒道成務極深研幾天下之至
精至神盡在我矣昔子思子以費隱言道而證之鳶
飛魚躍鳶魚者象也飛躍者象之錯綜也其天其淵
其升其沉變變化化活活潑潑孰爲對待孰爲流行
意者有機緘而不能自已耶此天地自然之易也故
善言易者莫如子思子而矣鮮先生之以錯綜註易
也眞得鳶魚飛躍之意而默契變化之所爲乎長夜
晦冥日月如故先生有功於後學大矣侍御張君復
爲之發明其義而廣遠其傳是又有功於先生也舉

不敏願學易以寡過未能也則請於是編服膺焉萬
曆辛亥仲春之吉古淄後學高舉謨

來矣鮮先生易註原序

吾夫子老而學易至於韋編三絕而曰吾五十而知天命夫天命之所以不已者何也易也易也者何也象也相推焉而變生矣變者象之變也象言象者也爻言變者也有象有變而後有辭占是故君子居則觀象而玩辭動則觀變而玩占居安其序而樂玩其辭亦惟是變之所適妙陰陽行鬼神顯日用畢能事而世儒以卜筮索吉凶以義理解辭占不知夫義理吉凶從何而生象變焉已矣象何以立變何以通環

循轂轉又何以生無窮則錯綜其數之法也錯綜其數吾夫子已言之矣而讀易者不解也終日問卜筮譚義理而摩者是也舉一男女而億萬孫子列矣挈一絲而億萬條緒動矣是故以極天下之數以定天下之象以通天下之變數無窮錯綜無窮變無窮象無窮總之太極生陰陽一陰一陽相左右上下而正焉雜焉摩盪焉無窮焉而已故萬縷一絲也萬孫一祖也所謂易逆數者也故曰一陰一陽之謂道生生之謂易陰陽不測之謂神引而伸觸類而長皆是法

也其義理謂之序其言謂之辭其決謂之占順此之謂吉逆此之謂凶天地所以消長萬物所以亨屯國家所以治亂人心所以存亡昆蟲草木所以榮枯生死夫孰有能違之者乎故曰維天之命於穆不已故說天至命莫妙乎易矣羲之畫文之彖周公之爻孔子之係辭十翼先天弗違後天時行象告情言不離乎錯綜之一法若衣有領若日月有璣衡接羣聖脈萬古來先生之功於是偉矣先生易註其本原程朱會通諸儒而闡明未備者良多其精義妙法俱自錯

綜出大中丞青螺郭公已表章其旨海內稱慕之而不盡見其板在蜀者又多漫漶滅沒予令巫山時與先生有往還敬其人愛重其書爰歷吳越下鹺司重訂之而梓以流布焉詎敢云知易知命庶幾續韋編之遺不晦先生苦心而已萬曆庚戌歲陽月關中張惟任仲衡父撰

來矣鮮先生易註原序

自漢而下言易者無慮數十百家矣舉一廢百而不知夫一之函百也譚理者宗程傳朱義而進而王輔嗣者流且將掃畫而去之也譚象者九家譚數者堯夫而進而揚雲且搜玄而測之也京焦氏之占溺於卜筮遺道義譚禍福愈失之矣總之所謂舉其一者也夫聖人立象以盡意觀其象耳矣知者觀象而思過半矣卽意象彖爻而作爲卜筮卜筮者聖人同患之情令百姓日用焉而不知者也不知者不知象生

變變生卦爻卦爻生理義理義生吉凶也儒者讀易將抉天人性命之符而貿貿焉同百姓可乎故善讀易者莫妙於以經解經而不以意識學問解經以經解經之法莫妙於錯綜其數一語蓋八卦以象告錯綜則象之變其順逆正反無窮而辭占本義理定吉凶亦隨變以示矣此聖人之盡意愚人之盡神一也錯綜之法揭於吾夫子而獨悟於蜀之來矣鮮先生其言左右相錯上下相綜變化無遺郭青螺先生深著明其說刻之蜀中而予同年直指張公復詮其精

義於簡端重付剞劂氏嘉惠海內俾世之學者緜錯綜觀變緜變觀象緜象觀意彼程朱理義諸儒講解且在三隅反中而彼象數玄渺卜筮禍福之譚譬猶燭光之麗日月不相蝕而且相投矣雖然理之錮易而舉子業之錮理也今爲甚吾且以爲程朱憂况其上者乎即無錮於理而於身心無涉焉猶錮也以經解經信不若以身解經吾自觀吾身靜而作何象動而流何形龍象乎馬牛乎義文蹻跖乎致虛而履實擬言而議動錯綜成乎神爻象成乎身此楊慈湖巳

易之旨也敢以質之有道武林黄汝亨撰

周易集註序

乾坤者萬物之男女也男女者一物之乾坤也故上經首乾坤下經首男女乾坤男女相爲對待氣行乎其間有往有來有進有退有常有變有吉有凶不可爲典要此易所由名也盈天地間莫非男女則盈天地間莫非易矣伏羲象男女之形以畫卦文王繫卦下之辭又序六十四卦其中有錯有綜以明陰陽變化之理錯者交錯對待之名陽左而陰右陰左而陽右也綜者高低織綜之名陽上而陰下陰上而陽下

也雖六十四卦止乾坤坎離大過頤小過中孚八卦相錯其餘五十六卦皆相綜而爲二十八卦竝相錯八卦共三十六卦如屯蒙之類雖屯綜乎離蒙綜乎坎本是二卦然一上一下皆二陽四陰之卦乃一卦也故孔子雜卦曰屯見而不失其居蒙雜而著是也故上經止十八卦下經止十八卦周公立爻辭雖曰兼三才而兩之故六亦以陰陽之氣皆極于六天地間窮上反下循環無端者不過此六而巳此立六爻之意也孔子見男女有象卽有數有數卽有理其中

之理神妙莫測立言不一而足故所繫之辭多于前
聖孔子沒後儒不知文王周公立象皆藏于序卦錯
綜之中止以序卦爲上下篇之次序乃將說卦執圖
求駿自王弼掃象以後註易諸儒皆以象失其傳不
言其象止言其理而易中取象之旨遂塵埋於後世
本朝纂修易經性理大全雖會諸儒衆註成書然不
過以理言之而已均不知其象不知文王序卦不知
孔子雜卦不知後儒卦變之非于此四者旣不知則
易不得其門而入不得其門而入則其註疏之所言

者乃門外之粗淺非門內之奧妙是自孔子沒而易已亡至今日矣四聖之易如長夜者二千餘年不其可長嘆也哉夫易者象也象也者像也此孔子之言也曰像者乃事理之彷彿近似可以想像者也非真有實事也非真有實理也若以事論金豈可爲車玉豈可爲鉉若以理論虎尾豈可履左腹豈可入易與諸經不同者全在于此如禹謨曰惠廸吉從逆凶惟影響是真有此理也如泰誓曰惟十有三年春大會于孟津是真有此事也若易則無此事無此理惟有

此象而已有象則大小遠近精粗千蹊萬徑之理咸寓乎其中方可彌綸天地無象則所言者止一理而已何以彌綸故象猶鏡也有鏡則萬物畢照若舍其鏡是無鏡而索照矣不知其象易不註可也又如以某卦自某卦變者此虞翻之說也後儒信而從之如訟卦剛來而得中乃以為自遯卦來不知乃綜卦也需訟相綜乃坎之陽爻來于內而得中也孔子贊其為天下之至變正在于此蓋乾所屬綜乎坤坎所屬綜乎離艮所屬綜乎巽震所屬綜乎兌乃伏羲之八

卦一順一逆自然之對待也非文王之安排也惟需訟相綜故雜卦曰需不進也訟不親也若遯則綜大壯故雜卦曰大壯則止遯則退也見于孔子雜卦傳昭昭如此而乃曰訟自遯來失之千里矣此所以謂四聖之易如長夜者此也德生去孔子二千餘年且賦性愚劣又居僻地無人傳授因父母病侍養未仕乃取易讀于釜山草堂六年不能窺其毫髮遂遠客萬縣求溪深山之中沉潛反復忘寢忘食有年思之思之鬼神通之數年而悟伏羲文王周公之象又數

年而悟文王序卦孔子雜卦又數年而悟卦變之非始于隆慶四年庚午終于萬曆二十六年戊戌二十九年而後成書正所謂困而知之也旣悟之後始知易非前聖安排穿鑿乃造化自然之妙一陰一陽內之外之横之縱之順之逆之莫非易也始知至精者易也至變者易也至神者易也始知繫辭所謂所居而安者易之序也錯綜其數非中爻不備二與四同功三與五同功數語及作說卦序卦雜卦于十翼之末孔子教後之學易者亦明白親切但人自不察惟

篤信諸儒之註而不留心詳審孔子十翼之言宜乎長夜至今日也註既成乃僭于伏羲文王圓圖之前新畫一圖以見聖人作易之原又畫八卦變六十四卦圖又畫八卦所屬相錯圖又畫八卦六爻變自相錯圖又畫八卦次序自相綜圖又畫八卦所屬自相綜文王序卦正綜圖又畫八卦四正四隅相綜文王序卦雜綜圖又發明八卦正位及上下經篇義並各字義又發明六十四卦啓蒙又考定繫辭上下傳又補定說卦傳以廣八卦之象又改正集註分卷又發

明孔子十翼其註先訓釋象義字義及錯綜義後加
一圈方訓釋本卦本爻正意象數言于前義理言于
後其百家註易諸儒雖不知其象不知序卦雜卦及
卦變之非止言其理若于言理之中間有不悖于經
者雖一字半句亦必採而集之名曰周易集註庶讀
易者開卷豁然可以少窺四聖宗廟百官于萬一矣
孔子曰蓋有不知而作之者我無是也孟子曰予豈
好辯哉予不得已也聖賢立言不容不自任類如此
德因四聖之易千載長夜乃將纂修性理大全去取

于其間更附以數年所悟之象數以成明時一代之書是以忘其愚陋改正先儒註疏之僭妄未暇論及云

萬曆戊戌春三月念二日梁山後學來知德序

附刻來矣鮮先生易註序

易之爲書潔淨精微古今稱知易者在漢則楊子雲在宋則邵堯夫楊之言曰宓犧氏綿絡天地經以八卦文王附六爻孔子錯其象而彖其辭然後發天地之藏定萬物之基邵之言曰太極既分兩儀立矣陽交於陰陰交於陽而生天之四象剛交於柔柔交於剛而生地之四象八卦相錯而後萬物生焉夫二子之言非意之也天地間惟陰陽兩端獨陽不生獨陰不成其氣不得不錯天道下濟地道上行其氣不得

不綜自然之運也伏犧氏仰觀象於天俯觀法於地而作圓圖圓圖者一左一右之形也雖未名錯而錯義已備文王繼伏犧分上經爲十八分下經爲十八而作序卦序卦者一上一下之説也雖未名綜而綜義已備孔子讀易韋編三絶鐵擿三折窮年兀兀至於五十始悟伏羲圓圖爲錯悟文王序卦爲綜故曰錯綜其數極其數遂定天下之象嗚呼盡矣顧象極於錯而未知所以錯象極於綜而未知所以綜即孔子未明言也王弼掃象范甯比之桀紂伊川專治文

義不論象數自云止說得七分朱子直云象失其傳理會不得如子雲綿絡經錯之語堯夫陽交陰交之訓似上契羲文下闡孔氏又且訾爲覆誂譏爲玩世上下二千年易象悠悠眞如長夜予友來矣鮮起自梁山生子雲之鄉學堯夫之學一舉孝廉絕意軒冕結快活庵坐九喜榻晩入求溪萬山中研心圖象積三十年而易注始成其言曰錯者陰陽相對陽錯其陰陰錯其陽如伏羲圓圖乾錯坤坎錯離八卦相錯是也綜卽今織布帛之綜一上一下如屯蒙之類本

是一卦在下爲屯在上爲蒙載之文王序卦是也定天下之象如乾坤相錯則乾馬坤牛之象名震艮相綜則震雷艮山之象名是也雖然此猶得之圓圖序卦中也其論八卦相錯爲乾坤坎離大過頤小過中孚有四正錯有四隅錯論綜有四正綜有四隅綜有以正綜隅有以隅綜正論象有卦情之象有卦畫之象有大象之象有中爻之象有錯卦之象有綜卦之象有爻變之象有占中之象論變如乾初變卽爲姤兌初變卽爲困離初變卽爲旅震初變卽爲豫之類

皆抒千古未發代四聖欲言上而玄黃雨雲下而龍馬龜羊巨而國家平陂細而臀膚天劓微而復道履道顯而鳴謙鳴豫一一從錯綜來不假安排天然脗合其言似楊之綿絡經錯而無太玄之艱深其旨似邵之陰交陽交而絕皇極之枝蔓使王弼程朱諸子見之象不必掃理自能會于謂矣鮮易注繼往開來亘百代而一見者也其自謂孔子沒而易已亡若至今日始明豈虛語哉嗟嗟子雲見嘲劉歆而桓譚侯芭謂其必傳堯夫見嫉於秦玠鄭夬而司馬君實以

兄事於洛中予不佞結交矣鮮今且白頭所爲求溪
桓侯司馬非予而誰後世有來矣鮮當謂予知言矣
萬曆辛丑友人泰和郭子章撰

來瞿唐先生易經集註原訂姓氏

淄川　高　舉　鵬程甫

都門　鄭繼芳　仲孚

關中　張惟任　仲衡仝訂正

武林　黃汝亭　貞父　校正

同安　柯鳳翔　志德

潛江　吳從誠　虛舟

華亭　徐元暘　賓夫

宜賓　劉繼禮　立甫仝校閱

萬曆三十八年重校刻於浙之虎林郡南屏山

易註雜說諸圖總目

梁山來知德圓圖

伏羲六十四卦圓圖

伏羲八卦方位

文王八卦方位

伏羲文王錯綜圖

孔子太極生兩儀四象八卦圖

來知德八卦變六十四卦圖

來知德八卦所屬相錯圖

來知德周易集註改正分卷圖

來知德發明孔子十翼圖

梁山來知德圓圖

對待者數

主宰者理

流行者氣

此聖人作易之原也理氣象數陰陽老少往來進退常變吉凶皆尚乎其中孔子繫易首章至易簡而天下之理得及一陰一陽之謂道易有太極形上形下數篇以至幽贊于神明一章卒歸于義命皆不外此圖神而明之一部易經不在四聖而在我矣或曰伏羲文王有圖矣而復有此圖何耶德曰不然伏羲有圖文王之圖不同于伏羲豈伏羲之圖差耶蓋伏羲之圖易之對待文王之圖易之流行而德之圖不立文字以天地間理氣象數不

過如此此此則兼對待流行主宰之理而圖之也故

圖于伏羲文王之前

伏羲六十

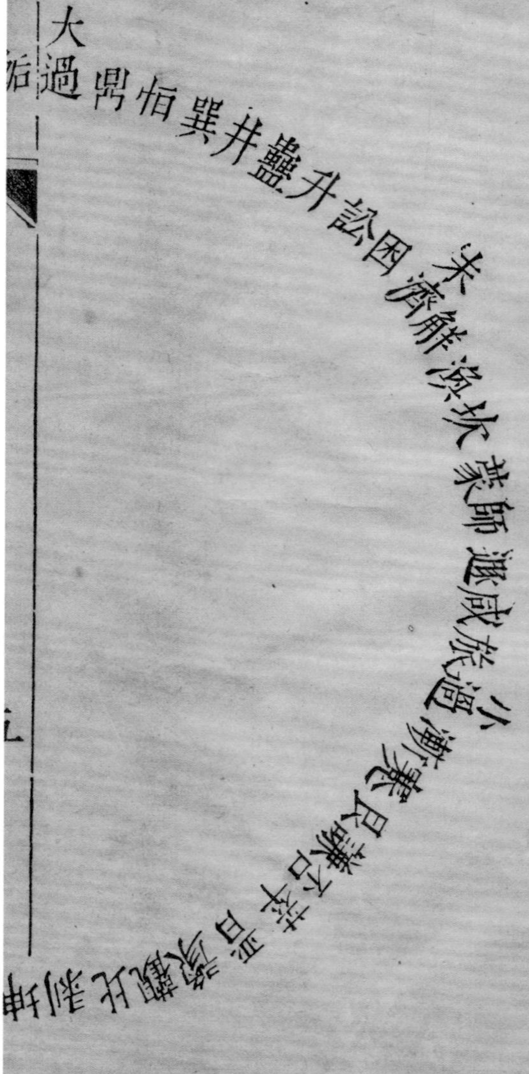
大過
鼎
恒
巽
井
蠱
升
訟
困
未濟
解
渙
坎
蒙
師
遯
咸
旅
小過
漸
蹇
艮
謙
否
萃
晉
豫
觀
比
剝
坤

四卦圓圖

大大小
乾夬有壯畜
　　　　需泰履兑睽歸中
　　　　　　　　　　妹孚臨損節

同
人革離豐賁既家明震屯頤復
　　　濟人夷

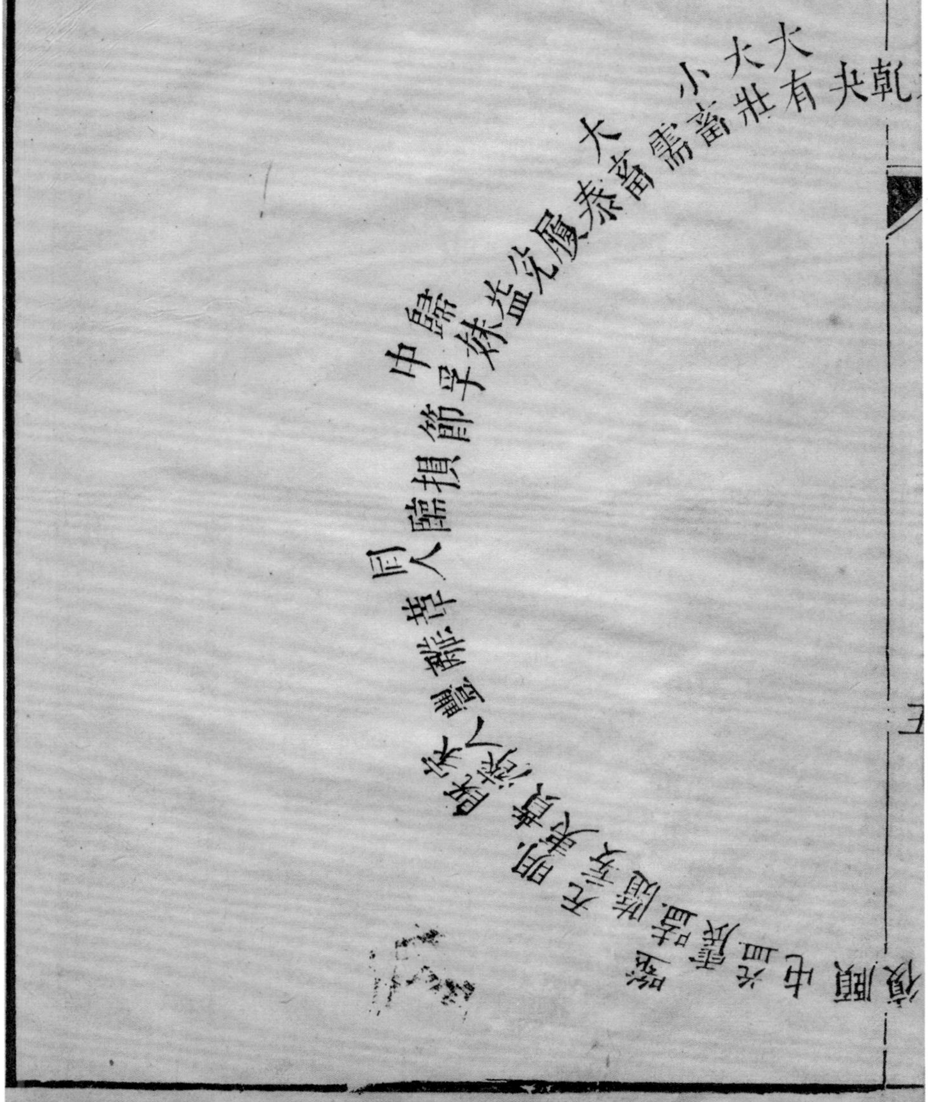

伏羲八卦方位之圖

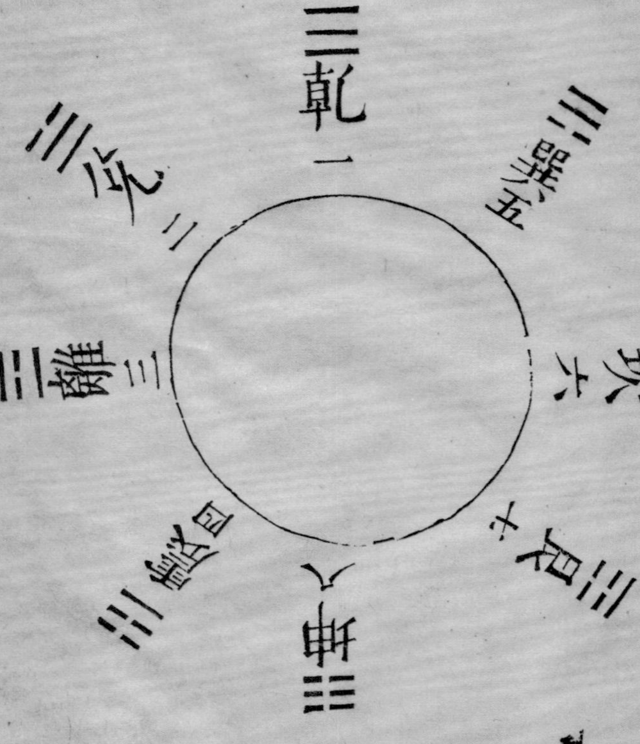

此伏羲之易也易之數也對待不移者也故伏羲圓圖皆相錯以其對待也所以上經首乾坤乾坤之兩列者對待也孔子繫辭天尊地卑一條蓋本諸此

文王八卦方位之圖

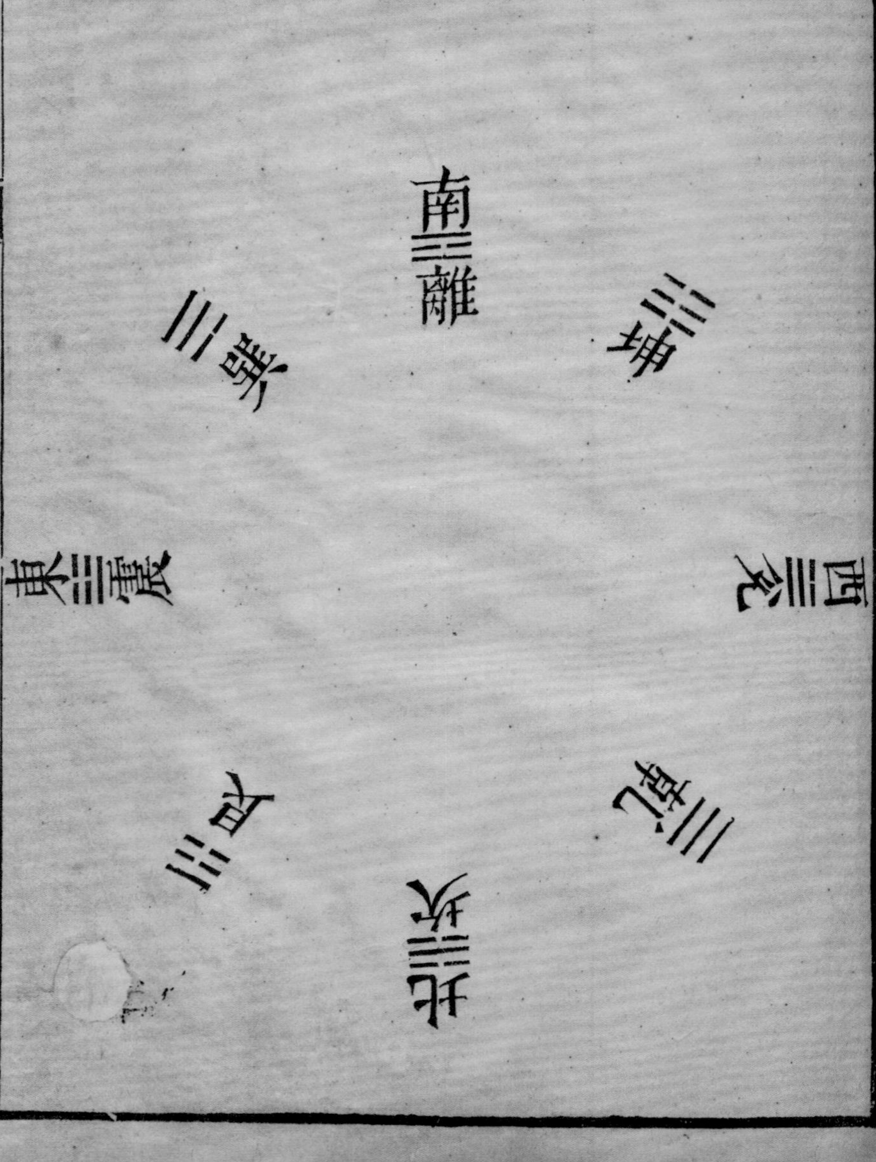

此文王之易也易之氣也流行不已者也自震而離而兌而坎春夏秋冬一氣而已故文王序卦一上一下相綜者以其流行而不已也所以下經首咸恒咸恒之交感者流行也孔子繫辭剛柔相摩一條蓋本諸此蓋有對待其氣運必流行而不已有流行其象數必對待而不移故男女相對待其氣必相摩盪若不相摩盪則男女乃死物矣此處安得有先後故不分先天後天

伏羲文王錯綜圖

伏羲圓圖相錯圖

圓圖一左一右相錯

左右開列于後

文王序卦相綜圖

序卦一上一下相綜

上下開列于後

伏羲圓圖相錯			文王序卦相綜	
乾一	乾	錯	屯見而不失其居	蒙雜而著
	坤		需不進也	訟不親也
兌二	夬	錯	師憂	比樂
	剝		小畜寡也	履不處也
離三	大有	錯	泰反其類也	否反其類也
	比		同人親也	大有衆也

震四　大壯　錯　觀

謙輕　豫怠也

隨无故也　蠱則飭也

巽五　小畜　錯　豫

臨或與　觀或求

噬嗑食也　賁无色也

坎六　需　錯　晉

剝爛也　復反也

无妄災也　大畜時也

艮七　大畜　錯　萃

咸速也　恒久也

遯則退也　大壯則止

坤八　泰　錯　否

晉晝也　明夷誅也

家人內也　睽外也

乾一	履	錯	蹇 難也	解 緩也
	謙		損 盛衰之始	益 盛衰之始
兌二	兌	錯	夬 決也剛決柔也	姤 遇也柔遇剛也
	艮		萃 聚	升 不來也
離三	睽	錯	困 相遇也	井 通
	蹇		革 去故也	鼎 取新也
震四	歸妹	錯	震 起也	艮 止也
	漸		漸 女歸待男行也	歸妹 女之終也
巽五	中孚	錯	豐 多故	旅 親寡
	小過		巽 伏也	兌 見

坎六　節䷻　錯　旅䷷

艮七　損䷨　錯　咸䷞

坤八　臨䷒　錯　遯䷠

乾一　同人䷌　錯　師䷆

兌二　革䷰　錯　蒙䷃

渙離也䷺節正也

既濟定也䷿未濟男之窮也

右文王序卦六十四卦除乾坤坎離大過頤小過中孚八箇卦相錯其餘五十六卦皆相綜雖四正之卦如否泰既濟未濟四卦四隅之卦如歸妹漸隨蠱四卦此八卦

離三　離䷝　錯　坎䷜

震四　豐䷶　錯　渙䷺

巽五　家人䷤　錯　解䷧

坎六　既濟䷾　錯　未濟䷿

艮七　賁䷕　錯　困䷮

可錯可綜然文王皆以爲綜也故五十六卦止有二十八卦向上成一卦向下成一卦共相錯之卦三十六卦所以上經分十八卦下經分十八卦其相綜自然而然之妙亦如伏羲圓圖相錯自然而然之妙皆

坤八 明夷䷣ 錯
訟䷅
乾一 无妄䷘ 錯
升䷭
兌二 隨䷐ 錯
蠱䷑
離三 噬嗑䷔ 錯
井䷯
震四 震䷲ 錯
巽䷸

不假安排穿鑿所以孔子贊其爲天下之至變者以此漢儒至宋儒止以爲上下篇之次序不知緊要與圓圖同諸象皆藏于二圖錯綜之中惟其不知序卦緊要之妙則易不得其門而入矣因此將二圖並列

巽五　益䷩錯　　　之

恒䷟

坎六　屯䷂錯

鼎䷱

艮七　頤䷚錯

大過䷛

坤八　復䷗錯

姤䷫

因有此相錯圖所以不用伏羲圓圖

孔子太極生兩儀四象八卦圖

太極生兩儀之圖

陽儀⚊

太極

陰儀⚋

四象圖

太陽⚌ 一陽上加一陽爲太陽

少陰⚍ 一陽上加一陰爲少陰

少陽⚎ 一陰上加一陽爲少陽

太陰⚏ 一陰上加一陰爲太陰

八卦圖

乾一 ☰ 大陽上加一陽爲乾

兊二 ☱ 大陽上加一隂爲兊

離三 ☲ 少隂上加一陽爲離

震四 ☳ 少隂上加一隂爲震

巽五 ☴ 少陽上加一陽爲巽

坎六 ☵ 少陽上加一隂爲坎

艮七 ☶ 大隂上加一陽爲艮

坤八 ☷ 大隂上加一隂爲坤

來知德八卦變六十四卦圖

☰ 乾一變

姤 ䷫ 初爻變

遯 ䷠ 二爻變

否 ䷋ 三爻變

觀 ䷓ 四爻變

剝 ䷖ 五爻變

晉 ䷢ 復還四爻變

大有 ䷍ 歸本卦

乾尾二卦言火離尾二卦言天皆自然之數

八卦變六十四卦圖

☱ 兌二變

困 ䷮ 初爻變

萃 ䷬ 二爻變

咸 ䷞ 三爻變

蹇 ䷦ 四爻變

謙 ䷎ 五爻變

小過 ䷽ 復還四爻變

歸妹 ䷵ 歸本卦

兌尾二卦言雷震尾二卦言澤皆自然之數

八卦變六十四卦圖

䷝ 離三變

旅 ䷷ 初爻變

鼎 ䷱ 二爻變

未濟 ䷿ 三爻變

蒙 ䷃ 四爻變

渙 ䷺ 五爻變

訟 ䷅ 復還四爻變

同人 ䷌ 歸本卦

離尾二卦言天乾尾二卦言火皆自然之數

八卦變六十四卦圖

䷲ 震四變

豫 ䷏ 初爻變

解 ䷧ 二爻變

恒 ䷟ 三爻變

升 ䷭ 四爻變

井 ䷯ 五爻變

大過 ䷛ 復還四爻變

隨 ䷐ 歸本卦

震尾二卦言澤兌尾二卦言雷皆自然之數

八卦變六十四卦圖

䷸ 巽五變

小畜 ䷈ 初爻變

家人 ䷤ 二爻變

益 ䷩ 三爻變

无妄 ䷘ 四爻變

噬嗑 ䷔ 五爻變

頤 ䷚ 復還四爻變

蠱 ䷑ 歸本卦

巽尾二卦言山艮尾二卦言風皆自然之數

八卦變六十四卦圖

䷜坎六變

節䷻　初爻變

屯䷂　二爻變

既濟䷾　三爻變

革䷰　四爻變

豐䷶　五爻變

明夷䷣　復還四爻變

師䷆　歸本卦

坎尾二卦言地坤尾二卦言水皆自然之數

八卦變六十四卦圖

䷳ 艮七變

賁 ䷕ 初爻變

大畜 ䷙ 二爻變

損 ䷨ 三爻變

睽 ䷥ 四爻變

履 ䷉ 五爻變

中孚 ䷼ 復還四爻變

漸 ䷴ 歸本卦

艮尾二卦言風巽尾二卦言山皆自然之數

八卦變六十四卦圖

☷ 坤八變

復 ䷗ 初爻變

臨 ䷒ 二爻變

泰 ䷊ 三爻變

大壯 ䷡ 四爻變

夬 ䷪ 五爻變

需 ䷄ 復還四爻變

比 ䷇ 歸本卦

坤尾二卦言水坎尾二卦言地皆自然之數

右八卦不過加太極兩儀四象八卦是也六十四卦不過變卽繫辭所謂八卦成列象在其中矣因而重之爻在其中矣剛柔相推變在其中矣變在其中者如乾爲陽剛乾下變一陰之巽二陰之艮三陰之坤坤爲陰柔坤下變一陽之震二陽之兌三陽之乾是剛柔相推也盆三畫卦若不重成六畫則不能變六十四惟六畫則卽變六十四矣所以每一卦六變卽歸本卦下爻盡變爲七變連本卦成八卦以八加八卽成六十四卦古之聖人見

天地陰陽變化之妙原是如此所以以易名之若依朱儒說一分二二分四四分八八分十六十六分三十二三十二分六十四是一直死數何以爲易且通不成卦惟以八加八方見陰陽自然造化之妙

來知德八卦所屬自相錯圖

乾 姤 遯 否 觀 剝 晉 大有

乾坤一與八錯則所屬自然相錯

坤 復 臨 泰 大壯 夬 需 比

八卦所屬自相綜圖

兌困萃咸蹇謙小過歸妹

兌艮二與七錯則所屬自然相錯

艮賁大畜損睽履中孚漸

八卦所屬自相錯圖

離旅鼎未濟蒙渙訟同人

離坎三與六錯則所屬自然相錯

坎節屯既濟革豐明夷師

八卦所屬自相錯圖

震　豫　解　恒　升　井　大過　隨

䷲　䷏　䷧　䷟　䷭　䷯　䷛　䷐

震巽四與五錯則所屬自然相錯

䷸　䷈　䷤　䷩　䷘　䷔　䷚　䷑

巽　小畜　家人　益　无妄　噬嗑　頤　蠱

來知德六爻變自相錯圖

乾 ䷀

夬 ䷪ 六變

大有 ䷍ 五變

小畜 ䷈ 四變

履 ䷉ 三變

同人 ䷌ 二變

姤 ䷫ 初變

因乾坤相錯故六爻變亦相錯

坤 ䷁

剝 ䷖ 六變

比 ䷇ 五變

豫 ䷏ 四變

謙 ䷎ 三變

師 ䷆ 二變

復 ䷗ 初變

六爻變自相錯圖

兌 履 歸妹 節 夬 隨 困

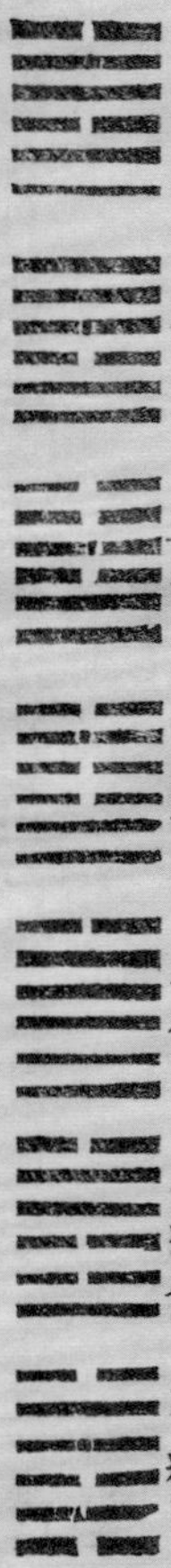

因兌艮相錯故六爻變亦相錯

艮 謙 漸 旅 剝 蠱 賁

六爻變自相錯圖

離　豐　同人　賁　噬嗑　大有　旅

六變　五變　四變　三變　二變　初變

因離坎相錯故六爻變亦相錯

六變　五變　四變　三變　二變　初變

坎　渙　師　困　井　比　節

六爻變自相錯圖

震 噬嗑 隨 復 豐 歸妹 豫

因震巽相錯故六爻變亦相錯

巽 井 蠱 姤 渙 漸 小畜

來知德八卦次序自相綜圖

乾四正之卦

乾一	乾		
兌二	天澤履	綜	風天小畜
離三	天火同人	綜	火天大有
震四	天雷无妄	綜	山天大畜
巽五	天風姤	綜	澤天夬
坎六	天水訟	綜	水天需
艮七	天山遯	綜	雷天大壯
坤八	天地否	綜	地天泰

八卦次序自相綜圖

坤四正之卦

乾一	地天泰	綜	天地否
兌二	地澤臨	綜	風地觀
離三	地火明夷	綜	火地晋
震四	地雷復	綜	山地剥
巽五	地風升	綜	澤地萃
坎六	地水師	綜	水地比
艮七	地山謙	綜	雷地豫
坤八	坤		

八卦次序自相綜圖

離四正之卦

乾一	火天大有	綜	天火同人
兌二	火澤睽	綜	風火家人
離三	離		
震四	火雷噬嗑	綜	山火賁
巽五	火風鼎	綜	澤火革
坎六	火水未濟	綜	水火既濟
艮七	火山旅	綜	雷火豐
坤八	火地晉	綜	地火明夷

八卦次序自相綜圖

坎四正之卦

乾一	水天需	綜	天水訟
兌二	水澤節	綜	風水渙
離三	水火既濟	綜	火水未濟
震四	水雷屯	綜	山水蒙
巽五	水風井	綜	澤水困
坎六	坎		
艮七	水山蹇	綜	雷水解
坤八	水地比	綜	地水師

八卦次序自相綜圖

兊四隅之卦

乾一	澤天夬	綜	天風姤
兊二	兊		
離三	澤火革	綜	火風鼎
震四	澤雷隨	綜	山風蠱
巽五	澤風大過	錯	山雷頤
坎六	澤水困	綜	水風井
艮七	澤山咸	綜	雷風恒
坤八	澤地萃	綜	地風升

八卦次序自相綜圖

艮四隅之卦

乾一	山天大畜	綜	天雷无妄
兌二	山澤損	綜	風雷益
離三	山火賁	綜	火雷噬嗑
震四	山雷頤	綜	澤風大過
巽五	山風蠱	綜	澤雷隨
坎六	山水蒙	綜	水雷屯
艮七	艮		
坤八	山地剝		地雷復

八卦次序自相綜圖

震四隅之卦

乾一　雷天大壯　綜　天山遯

兌二　雷澤歸妹　綜　風山漸

離三　雷火豐　綜　火山旅

震四　震

巽五　雷風恒　綜　澤山咸

坎六　雷水解　綜　水山蹇

艮七　雷山小過　錯　風澤中孚

坤八　雷地豫　綜　地山謙

八卦次序自相綜圖

巽四隅之卦

乾一	風天小畜	綜	天澤履
兌二	風澤中孚	錯	雷山小過
離三	風火家人	綜	火澤睽
震四	風雷益	綜	山澤損
巽五	巽		
坎六	風水渙	綜	水澤節
艮七	風山漸	綜	雷澤歸妹
坤八	風地觀	綜	地澤臨

右乾坤水火四正之卦故天在上則天在下如天澤履綜風天小畜是也地在上則地在下如地天泰綜天地否是也水火亦然其相綜皆自然也山澤雷風四隅之卦一陽在上一陽在下則山與雷綜如山天大畜綜天雷无妄是也一陰在上一陰在下則風與澤綜如風天小畜綜天澤履是也故山在上則雷在下風在上則澤在下雷上山下澤上風下亦然其相綜皆自然也

來知德八卦所屬自相綜圖

乾之屬自姤至剝順行與坤所屬相綜

文王序卦正綜

乾之屬　姤　遯　否　觀　剝

夬　大壯　泰　臨　復

坤之屬　屬相綜

夬逆行與乾所

坤之屬自復至

姤綜夬　遯綜大壯　否綜泰　觀綜臨　剝綜復

八卦所屬自相綜圖

坎之屬自節至豐順行與離所屬相綜

文王序卦正綜

坎之屬　節　屯　既濟　革　豐

離之屬　渙　蒙　未濟　鼎　旅

屬相綜

離之屬自旅至渙逆行與坎所屬相綜

節綜渙　屯綜蒙　既濟綜未濟　革綜鼎　豐綜旅

八卦所屬自相綜圖

文王序卦正綜

艮之屬　賁　大畜　損　睽　履

噬嗑　无妄　益　家人　小畜　巽之屬

艮之屬自賁至履順行與巽所屬相綜

巽之屬自小畜至噬嗑逆行與艮所屬相綜

賁綜噬嗑　大畜綜无妄　損綜益　睽綜家人　履綜小畜

易經集注　卷首　三十九

八卦所屬自綜圖

文王序卦正綜	震之屬	兌之屬
	豫	謙
	解	蹇
	恒	咸
	升	萃
	井	困

震之屬自豫至井順行與兌所屬相綜

兌之屬自困至謙逆行與震所屬相綜

豫綜謙　解綜蹇　恒綜咸　升綜萃　井綜困

來知德八卦四正綜四正歸尾二卦圖

乾　晉　綜坎之明夷

文　大有　綜離之同人　乾　四

王　坤　需　綜離之訟　坤　正

序　比　綜坎之師　綜坤　與

卦　坎乾　四

雜　坎　明夷　綜乾之晉　雜綜　正

綜　師　綜坤之比　離　相

離　訟　綜坤之需　坎　綜

同人　綜乾之大有

八卦四隅綜四隅歸尾二卦圖

艮　中孚　錯兌之小過
文　漸　綜兌之歸妹　四
王　巽　頤　錯震之大過　巽　隅
序　蠱　綜震之隨　綜巽　與
卦　震艮　四
雜　震　大過　錯巽之頤　兌綜　隅
綜　隨　綜巽之蠱　兌　相
兌　小過　錯艮之中孚　震　綜
歸妹　綜艮之漸

來知德八卦正位圖

乾在五　乾屬陽。五。以陽居陽位。故爲正位。

兌在六　兌屬陰。六。以陰居陰位。故爲正位。

離在二　離屬陰。二。以陰居陰位。故爲正位。

震在初　震屬陽。初。以陽居陽位。故爲正位。

巽在四　巽屬陰。四。以陰居陰位。故爲正位。

坎在五　坎屬陽。五。以陽居陽位。故爲正位。

艮在三　艮屬陽。三。以陽居陽位。故爲正位。

坤在二　坤屬陰。二。以陰居陰位。故爲正位。

正位不可移易

乾屬陽。其位在五。惟坎可以同之。蓋坎中一畫。乃乾也。若艮震之五。皆陰矣。故居三居初。此陽卦正位不可移也。坤屬陰。其位在二。惟離可以同之。蓋離中一畫。乃坤也。若巽兌之二。皆陽矣。故居四居六。此陰卦正位不可移也。然易惟時而已。不可爲典要。如觀卦下六二乃坤之正位也。因本卦利近不利遠。故六二止于闚觀。知此庶可以識玩易之法。

來知德上下經篇義

上經首乾坤者。陰陽之定位。萬物之男女也。易之數也。對待不移者也。自乾坤歷屯、蒙、需、訟、師、比、小畜、履、十卦。陰陽各三十畫。則六十矣。陽極于六。陰極于六。至此乾坤變矣。故坤綜乾而爲泰。乾綜坤而爲否。泰否者。乾坤上下相綜之卦也。乾坤既迭相否泰。則其間萬物吉凶消長進退存亡不可悉紀。自同人以下至大畜。無非否泰之相摧。無否無泰非易矣。水火者。乾坤所有之物。皆天道也。體也。無水火則乾坤爲死物。故必山澤通氣。雷風相薄。而後乾坤之水火可交。頤大過者。山澤雷風之卦也。頤有離象。大過有坎象。故上經首乾坤。必乾坤歷否泰。至頤大過而後終之以坎離。下經首咸恒者。陰陽之交感。一物之乾坤也。易之氣也。流行不已者也。自咸恒歷遯、大壯、晉、明夷、家人、睽、蹇、解、十卦。陰陽各三十畫。則六十矣。陽極于六。陰極于六。至此男女變矣。故咸之男女綜而爲損。恒之男女綜而爲益。損益者。男女上下相綜之卦也。男女既迭相損益。則其間萬事吉凶消長進退存亡不可悉紀自夬以下至節無非損益之相推無損無益非易矣既濟未濟者男女所交之事皆人道也用也無既濟未濟則男女爲死物故必山澤通氣雷風相薄而後男女之水火可交中孚小過者山澤雷風之卦也中孚有離象小過有坎象故下經首咸恒必咸恒歷損益至中孚小過而後終之以既濟未濟要之天道之體雖以否泰爲主而未必無人道人道之用雖以損益爲主而未必無天道上下經之篇義蘊畜其妙至此若以卦爻言之上經陽爻八十六陰爻

九十四。陰多于陽者凡八。下經陽爻一百有六。陰爻九十有八。陽多于陰者亦八。上經陰多于陽。下經陽多于陰。皆同八焉。是卦爻之陰陽均平也。若以綜卦兩卦作一卦論之。上經十八卦成三十卦。陽爻五十二。陰爻五十六。陰多于陽者凡四。下經十八卦成三十四卦。陽爻五十六。陰爻五十二。陽多于陰者亦四。上經陰多于陽。下經陽多于陰。皆同四焉。是綜卦之陰陽均平也。上下經之篇義卦爻其精至此。孔子贊其至精至變至神。厥有由矣。

來知德易經字義

象

卦中立象。有不拘說卦。乾馬坤牛乾首坤腹之類者。有自卦情而立象者。如乾卦本馬而言龍。以乾道變化。龍乃變化之物。故以龍言之。朱子語錄或問卦之象。朱子曰、便是理會不得。如乾爲馬而說龍。如此之類皆不通。殊不知以卦情立象也。且荀九家亦有乾爲龍。又如咸卦艮爲少男。兌爲少女。男女相感之情。莫如年之少者。故周公立爻象。曰拇、曰腓、曰股、曰憧憧曰脢、曰輔頰舌、一身皆感焉。艮止則感之專。兌悅則應之至。是以四體百骸。從拇而上。自舌而下。無往而非感矣。此則以男女相感之至情而立象也。又如豚魚知風。鶴知秋。雞知旦。三物皆有信。故中孚取之。亦以卦情立象也。又如漸取鴻者。以鴻至有時而群有序。不失其時。不失其序。于漸之義爲切。且鴻又不再偶。于文王卦辭女歸之義爲切。此亦以卦情立象也。有以卦畫之形取象者。如剝言宅言牀言廬者。因五陰在下。列于兩旁。一陽覆于其上。如宅如牀如

廬。此以畫之形立象也。咼與小過亦然。又有卦體大
象之象。凡陽在上者皆象艮巽。陽在下者皆象震兌。
陽在上下者皆象離。陰在上下者皆象坎。如益象離。
故言龜。大過象坎。故言棟。頤亦象離。故亦言龜也。又
如中孚君子以議獄緩死。亦取噬嗑火雷之意。以中
孚大象離而中爻則雷也。故凡陽在下者動之象。在
中者陷之象。在上者止之象。凡陰在下者入之象。在
中者麗之象。在上者說之象。又有以中爻取象者。如
漸卦九三婦孕不育以中爻二四合坎中滿也。九五

三歲不孕。以中爻三五合離中虛也。有將錯卦立象
者。如履卦言虎。以下卦兌錯艮也。有因綜卦立象者。
如井與困相綜。巽爲市邑。在困爲兌。在井爲巽。則改
爲邑矣。有即陰陽而取象者。如乾爲馬本象也。坎與
震皆得乾之一畫亦言馬。坤爲牛本象也。離得坤之
一畫亦言牛。皆其類也。有相因而取象者。如革卦九
五言虎者。以兌錯艮。艮爲虎也。上六即以豹言之。豹
次于虎。故相因而言豹也。故其象多是無此事此理。
而止立其象。如金車玉鉉之類。金豈可爲車。玉豈可

爲鉉。蓋雖無此事此理。而爻內有此象也。朱子語録云、卦要看得親切。須是無象看。但象失其傳了。殊不知聖人立象。有卦情之象。有卦畫之象。有大象之象。有中爻之象。有錯卦之象。有綜卦之象。有爻變之象。有占中之象。正如釋卦名義。有以卦德釋者。有以卦象釋者。有以卦體釋者。有以卦綜釋者。即此意也。所以說擬諸其形容。象其物宜。但形容物宜可擬可象。即是象矣。自王弼不知文王序卦之妙。掃除其象。後儒泥滯說卦。所以說象失其傳。而不知未失其傳也。

易經集註

善乎蔡氏曰聖人擬諸其形容而立象至纖至悉無所不有所謂其道甚大百物不廢者此也其在上古尚此以制器其在中古觀此以繫辭而後世之言易者乃曰得意在忘象得象在忘言一切指爲魚兔筌蹄殆非聖人作易前民用以教天下之意矣此言蓋有所指而發也

錯

錯者陰與陽相對也父與母錯長男與長女錯中男與中女錯少男與少女錯八卦相錯六十四卦皆不

外此錯也天地造化之理獨陰獨陽不能生成故有剛必有柔有男必有女所以八卦相錯八卦既相錯所以象即寓于錯之中如乾錯坤乾爲馬坤即利牝馬之貞履卦兌錯艮艮爲虎文王即以虎言之革卦上體乃兌周公九五爻亦以虎言之又睽卦上九純用錯卦師卦王三錫命純用天火同人之錯皆其證也又有以中爻之錯言者如小畜言雲因中爻離錯坎故也六四言血者坎爲血也言惕者坎爲加憂也又如艮卦九三中爻坎爻辭曰薰心坎水安得薰心

以錯離有火煙也。

綜（子宋切）

綜字之義。即織布帛之綜。或上或下。顛之倒之者也。如乾坤坎離四正之卦。則或上或下。巽兌艮震四隅之卦。則巽即爲兌。艮即爲震。其卦名則不同。如屯蒙相綜。在屯則爲雷。在蒙則爲山是也。如履小畜相綜。在履則爲澤。在小畜則爲風是也。如損益相綜。損之六五。即益之六二。特倒轉耳。故其象皆十朋之龜。夬姤相綜。夬之九四。即姤之九三。故其象皆臀無膚。綜卦之妙如此。非山中研窮三十年。安能知之。宜乎諸儒以象失其傳也。然文王序卦有正綜。有雜綜。如乾初爻變姤。坤逆行五爻變夬。與姤相綜。所以姤綜夬。遯綜大壯。否綜泰。觀綜臨。剥綜復。所謂乾坤之正綜也。八卦通是初與五綜。二與四綜。三與上綜。雖一定之數。不容安排。然陽順行而陰逆行。與之相綜。造化之玄妙可見矣。文王之序卦。不其神哉。即陽木順行。生亥死午。陰木逆行。生午死亥之意。若乾坤所屬尾二卦晉大有需比之類。乃術家所謂遊魂歸魂。出于乾坤之外者。非乾坤五爻之正變。故謂之雜綜。然乾坤水火四正之卦。四正與四正相綜。艮巽震兌四隅之卦。四隅與四隅相綜。雖雜亦不雜也。八卦既相綜。所以象即寓于綜之中。如噬嗑利用獄賁乃相綜之卦。亦以獄言之。旅豐二卦亦以獄言者。皆以其相綜也。有以上六下初而綜者。剛自外來而爲主于內是也。有以二五而綜者。柔得中而上行是也。蓋易以道陰陽。陰陽之理。流行不常。原非死物。膠固一定者。故顛之倒之。可上可下者。以其流行不常耳。故讀易者不能悟文王序卦之妙。則易不得其門而入。既不入門。而宮墻外望。則改邑不改井之玄辭。其人天且劓之險語。不知何自而來也。噫、文王不其繼伏羲而神哉。

變

變者、陽變陰。陰變陽也。如乾卦初變即爲姤。是就于本卦變之。宋儒不知文王序卦。如屯蒙相綜之卦本是一卦。向上成一卦。向下成一卦。詳見前伏羲文王錯綜圖。如訟之剛來而得中。乃卦綜也。非卦變也。以

爲自遯卦變來非矣如姤方是變卦變之又玄妙
之又妙蓋爻一動即變如漸卦九三以三爲夫以坎
中滿爲婦孕及三爻一變則陽死成坤離絕夫位故
有夫征不復之象既成坤則並坎中滿通不見矣故
有婦孕不育之象又如歸妹九四中爻坎月離日期
之象也四一變則純坤而日月不見矣故愆期豈不
玄妙

中爻

中爻者二三四五所合之卦也繫辭第九章孔子言

甚詳矣。大抵錯者陰陽橫相對也。綜者陰陽上下相顛倒也。變者、陽變陰。陰變陽也。中爻者、陰陽內外相連屬也。周公作爻辭。不過此錯綜變中爻四者而已。如離卦居三。同人曰三歲。未濟曰三年。既濟曰三年。明夷曰三日。皆以本卦三言也。若坎之三歲。困之三歲。解之三品。皆離之錯也。漸之三歲。巽之三品。皆以中爻合離也。豐之三歲。以上六變而爲離也。即離而諸爻用四者可知矣。孔子帚編三絶。于陰陽之理。悅心研慮已久。故于圓圖看出錯字。于序卦看出綜字。

所以說錯綜其數。又恐後人將序卦一連。不知有錯綜二體。故雜亂其卦。惟令二體之卦相連。如乾剛坤柔。比樂師憂是也。又說出中爻。宋儒不知乎此。將孔子繫辭所居而安者文王之序卦。所樂而玩者周公之爻辭。認序字爲卦爻所著事理當然之次第。故自孔子沒而易已亡至今日矣。

來知德周易集註改正分卷圖

上經分卷

共十八卦相綜者兩卦止作一卦相錯者一卦自爲一卦　此卽文王序卦

一卷　乾　坤

二卷　屯蒙　需訟

三卷　師比　小畜履　泰否

四卷　同人大有　謙豫　隨蠱

五卷　臨觀　噬嗑賁　剝復

六卷　无妄　大畜　頤　大過　坎　離

下經分卷

共十八卦　此即文王序卦

七卷　咸恒　遯　大壯　晉　明夷

八卷　家人　睽　蹇解　損益

九卷　夬姤　萃升　困井

十卷　革鼎　震艮

十一卷　漸　歸妹　豐旅　巽兌

十二卷　渙節　中孚　小過　既濟未濟

右舊分卷前儒不知文王立序卦之意止以爲上下篇之次序取其多寡均平乃以屯附坤需附蒙小畜附比泰附復謙附大有隨附豫噬嗑附觀剥附賁頤附大畜坎附大過遯附恒晉附井震附咼深失文王立序卦之意矣今依孔子雜卦傳攺正

十三卷　繫辭上傳

十四卷　繫辭下傳

十五卷　說卦傳　序卦傳　雜卦傳

十六卷　考定繫辭上下傳　補定說卦傳

來　彖曰大哉乾元至哉坤元此贊乾坤之彖一翼也

知　彖曰屯剛柔始交而難生此解卦辭之彖二翼也

德　象曰天行健地勢坤此教人學易之大象三翼也

發　潛龍勿用陽在下也此解爻辭之小象四翼也

明　文言五翼也

孔　上繫六翼也

子　下繫七翼也

十　說卦八翼也

翼　序卦九翼也

圖　雜卦十翼也

此之謂十翼

易學六十四卦啓蒙

易自孔子沒而亡至今日矣易亡者何以象失其傳也故先之以象此則六爻大象也諸象則詳見易經字義伏羲之卦主于錯文王之卦主于綜故次之以錯綜文王周公繫辭皆不遺中爻至孔子始發明之故次之以中爻同體者文王之序卦皆同體也一卦有一卦之情性一爻有一爻之情性如乾性健坤性順此一定不移者也若有一爻之變則其情性皆移矣如乾初爻變則爲姤姤之情

性與乾之情性相去千里故情性之後繼之以六爻之變六爻既變則即有錯綜中爻矣故六爻變之下復註錯綜中爻六爻變後猶有錯綜中爻何也蓋天地間萬物獨陰獨陽不能生成故必有錯而陰陽循環之理陽上則陰下陰上則陽下故必有綜則錯綜二字不論六爻變與不變皆不能離者也若無錯綜不成易矣故六爻變後復註錯綜而中爻者亦陰陽也故繼之若地位人位天位者乃三才也故又繼之四聖千古不傳之秘盡洩于

此學者能于此而熟玩之則辭變象占犂然明白

四聖之易不在四聖而在我矣

萬曆丁酉秋八月念五日梁山來知德書于釜山草堂

乾☰ 六畫純陽之卦 上經始于此

象

錯 坤 伏羲圓圖

綜 文王序卦亦錯

中爻 孔子繫辭

同體

情性 情剛性剛 情健性健

六爻變

初爻變巽 錯震 綜兌　成姤 錯復 綜夬　中爻 下乾 上乾　地位

二爻變離 錯坎　成同人 錯師 綜大有　中爻 下巽 上乾　地位

三爻變兌 錯艮 綜巽　成履 錯謙 綜小畜　中爻 下離 上巽　人位

四爻變巽 錯震 綜兌　成小畜 錯豫 綜履　中爻 下兌 上離　人位

五爻變離 錯坎　成大有 錯比 綜同人　中爻 下乾 上兌　天位

六爻變兌 錯艮 綜巽　成夬 錯剥 綜姤　中爻 下乾 上乾　天位

坤䷁　六畫純陰之卦

象

錯　乾　伏羲圓圖

綜　文王序卦

中爻　孔子繫辭

同體

情性　情柔性柔　情順性順

六爻變

初爻變震 錯巽綜艮　成復 錯姤綜剝　中爻下坤上坤　地位

二爻變坎 錯離　成師 錯同人綜比　中爻下震上坤　地位

三爻變艮 錯兌綜震　成謙 錯履綜豫　中爻下坎上震　人位

四爻變震 錯巽綜艮　成豫 錯小畜綜謙　中爻下艮上坎　人位

五爻變坎 錯離　成比 錯大有綜師　中爻下坤上艮　天位

六爻變艮 錯兌綜震　成剝 錯夬綜復　中爻下坤上坤　天位

屯䷂　二陽四陰之卦　屬坎

象　伏羲圓圖

錯　鼎

綜　蒙正綜詳見圖解　文王序卦

中爻　二四合坤錯乾　三五合艮錯兌綜震　孔子繫辭

同體　觀晉○萃蹇小過○蒙○震解升○頤○坎

明夷艮○臨十四卦同體

情性　情剛性剛　情險性動

六爻變

初爻變坤 錯乾 成比 錯大有 綜師 中爻 下坤 上艮 地位

二爻變兌 錯艮 綜巽 成節 錯旅 綜渙 中爻 下震 上艮 地位

三爻變離 錯坎 成既濟 錯未濟 綜未濟 中爻 下坎 上離 人位

四爻變兌 錯艮 綜巽 成隨 錯蠱 綜蠱 中爻 下艮 上巽 人位

五爻變坤 錯乾 成復 錯姤 綜剝 中爻 下坤 上坤 天位

六爻變巽 錯震 綜兌 成益 錯恒 綜損 中爻 下坤 上艮 天位

蒙䷃ 二陽四陰之卦 屬離

象 伏羲圓圖

錯 革 文王序卦

綜 屯正綜

中爻 二四合震錯巽綜艮 三五合坤錯乾 孔子繫辭

同體 觀晉○萃蹇小過○ ○震解升○頤○坎

屯明夷○艮○臨十四卦同體

情性 情剛性剛 情止性險

六爻變

初爻變兌 錯艮 綜巽　成損 錯咸 綜益　中爻 下震 上坤　地位

二爻變坤 錯乾　成剥 錯夬 綜復　中爻 下坤 上坤　地位

三爻變巽 錯震 綜兊　成蠱 錯隨 綜隨　中爻 下兊 上震　人位

四爻變離 錯坎　成未濟 錯既濟 綜既濟　中爻 下離 上坎　人位

五爻變巽 錯震 綜兊　成渙 錯豐 綜節　中爻 下震 上艮　天位

六爻變坤 錯乾　成師 錯同人 綜比　中爻 下震 上坤　天位

需䷄ 四陽二陰之卦 屬坤

象

錯 晉 伏羲圓圖

綜 訟雜綜詳見圖解 文王序卦

中爻 二四合兌錯艮綜巽 三五合離錯坎 孔子繫辭

同體 遯○兌○離鼎訟○大過○巽○家人无妄○革○

大畜睽中孚○大壯 十四卦同體

情性 情剛性剛 情險性健

六爻變

初爻變巽 錯震 綜兑 成井 錯噬嗑 綜困 中爻 下兑 上離 地位

二爻變離 錯坎 成既濟 錯未濟 綜未濟 中爻 下坎 上離 地位

三爻變兑 錯艮 綜巽 成節 錯旅 綜渙 中爻 下震 上艮 人位

四爻變兑 錯艮 綜巽 成夬 錯剥 綜姤 中爻 下乾 上乾 人位

五爻變坤 錯乾 成泰 錯否 綜否 中爻 下兑 上震 天位

六爻變巽 錯震 綜兑 成小畜 錯豫 綜履 中爻 下兑 上離 天位

訟䷅ 四陽二陰之卦 屬離

象 伏羲圓圖

錯 明夷

綜 需雜綜 文王序卦

中爻 二四合離錯坎 三五合巽錯震綜兌 孔子繫辭

同體 遯○兌○離○鼎○大過○巽○家人○无妄○革○大畜

睽中孚○大壯 需十四卦同體

情性 情剛性剛 情健性險

六爻變

初爻變兌 錯艮 綜巽　成履 錯謙 綜小畜　中爻 下離 上巽　地位

二爻變坤 錯乾　成否 錯泰 綜泰　中爻 下艮 上巽　地位

三爻變巽 錯震 綜兌　成姤 錯復 綜夬　中爻 下乾 上乾　人位

四爻變巽 錯震 綜兌　成渙 錯豐 綜節　中爻 下震 上艮　人位

五爻變離 錯坎　成未濟 錯既濟 綜既濟　中爻 下離 上坎　天位

六爻變兌 錯艮 綜巽　成困 錯賁 綜井　中爻 下離 上巽　天位

師䷆　一陽五陰之卦　屬坎

象　坎

錯　同人　　伏羲圓圖

綜　屯雜綜　　文王序卦

中爻　二四合震錯巽綜艮　三五合坤錯乾　　孔子繫辭

同體　剝○謙○○豫○○○復比五

卦同體

情性　情柔性剛　情順性險

六爻變

初爻變兌 錯艮 綜巽　成臨 錯遯 綜觀　中爻 下震 上坤　地位

二爻變坤 錯乾　成坤 錯乾　中爻 下坤 上坤　地位

三爻變巽 錯震 綜兌　成升 錯无妄 綜萃　中爻 下兌 上震　人位

四爻變震 錯巽 綜艮　成解 錯家人 綜蹇　中爻 下離 上坎　人位

五爻變坎 錯離　成坎 錯離　中爻 下震 上艮　天位

六爻變艮 錯兌 綜震　成蒙 錯革 綜屯　中爻 下震 上坤　天位

比 ䷇ 一陽五陰之卦 屬坤

象 坎 伏羲圓圖

錯 大有 文王序卦

綜 師 雜綜

中爻 二四合坤錯乾 三五合艮錯兌綜震 孔子繫辭

同體 剝○謙○ ○豫○ ○師○ ○復五

卦同體

情性 情剛性柔 情險性順

六爻變

初爻變震 錯巽 綜艮　成屯 錯鼎 綜蒙　中爻 下坤 上艮　地位

二爻變坎 錯離　成坎 錯離　中爻 下震 上艮　地位

三爻變艮 錯兌 綜震　成蹇 錯睽 綜解　中爻 下坎 上離　人位

四爻變兌 錯艮 綜巽　成萃 錯大畜 綜升　中爻 下艮 上巽　人位

五爻變坤 錯乾　成坤 錯乾　中爻 下坤 上坤　天位

六爻變巽 錯震 綜兌　成觀 錯大壯 綜臨　中爻 下坤 上艮　天位

小畜䷈　五陽一陰之卦　屬巽

象　離

錯　豫　伏羲圓圖

綜　履正綜　文王序卦

中爻　二四合兌錯艮綜巽　三五合離錯坎　孔子繫辭

同體　姤大有○○同人○○○○履○夬

五卦同體

情性　情柔性剛　情入性健

六爻變

初爻變巽 錯震 綜兌　成巽 錯震 綜兌　中爻 下兌 上離　地位

二爻變離 錯坎　成家人 錯解 綜睽　中爻 下坎 上離　地位

三爻變兌 錯艮 綜巽　成中孚 錯小過　中爻 下震 上艮　人位

四爻變乾 錯坤　成乾 錯坤　中爻 下乾 上乾　人位

五爻變艮 錯兌 綜震　成大畜 錯萃 綜无妄　中爻 下兌 上震　天位

六爻變坎 錯離　成需 錯晉 綜訟　中爻 下兌 上離　天位

履䷉ 五陽一陰之卦 屬艮

象 離

錯 謙 伏羲圓圖

綜 小畜正綜 文王序卦

中爻 二四合離錯坎 三五合巽錯震綜兌 孔子繫辭

同體 姤 大有 ○ ○ 同人 ○ ○ 小畜 ○ ○ ○ 夬

五卦同體

情性 情剛性柔 情健性悅

六爻變

初爻變坎　錯離　成訟　錯明夷　綜需　中爻　下離　上巽　地位

二爻變震　錯巽　綜艮　成无妄　錯升　綜大畜　中爻　下艮　上巽　地位

三爻變乾　錯坤　成乾　錯坤　中爻　下乾　上乾　人位

四爻變巽　錯震　綜兌　成中孚　錯小過　中爻　下震　上艮　人位

五爻變離　錯坎　成睽　錯蹇　綜家人　中爻　下離　上坎　天位

六爻變兌　錯艮　綜巽　成兌　錯艮　綜巽　中爻　下離　上巽　天位

泰☷☰ 三陽三陰之卦 屬坤 又正月卦

象 震兌

錯 否 伏羲圓圖

綜 否 文王序卦

中爻 二四合兌錯艮綜巽 三五合震錯巽綜艮 孔子繫辭

同體 否○困○咸歸妹○旅未濟渙○恒井隨○益噬嗑

蠱○節既濟豐○賁損漸○ ○十九卦同體

情性 情柔性剛 情順性健

六爻變

初爻變巽 錯震 綜兌　成升 錯无妄 綜萃　中爻 下兌 上震　地位

二爻變離 錯坎　成明夷 錯訟 綜晋　中爻 下坎 上震　地位

三爻變兌 錯艮 綜巽　成臨 錯遯 綜觀　中爻 下震 上坤　人位

四爻變震 錯巽 綜艮　成大壯 錯觀 綜遯　中爻 下乾 上兌　人位

五爻變坎 錯離　成需 錯晋 綜訟　中爻 下兌 上離　天位

六爻變艮 錯兌 綜震　成大畜 錯萃 綜无妄　中爻 下兌 上震　天位

否䷋ 三陽三陰之卦 屬乾 又七月卦

象 艮巽

錯 泰 伏羲圓圖

綜 泰 文王序卦

中爻 二四合艮錯兌綜震 三五合巽錯震綜兌 孔子繫辭

同體○困咸歸妹○旅未濟渙○恒井隨○益噬嗑蠱

○節既濟豐○賁損漸○泰十九卦同體

情性 情剛性柔 情徤性順

六爻變

初爻變震 錯巽 綜艮　成无妄 錯升 綜大畜　中爻 下艮 上巽　地位

二爻變坎 錯離　成訟 錯明夷 綜需　中爻 下離 上巽　地位

三爻變艮 錯兌 綜震　成遯 錯臨 綜大壯　中爻 下巽 上乾　人位

四爻變巽 錯震 綜兌　成觀 錯大壯 綜臨　中爻 下坤 上艮　人位

五爻變離 錯坎　成晉 錯需 綜明夷　中爻 下艮 上坎　天位

六爻變兌 錯艮 綜巽　成萃 錯大畜 綜升　中爻 下艮 上巽　天位

同人 ䷌ 五陽一陰之卦 屬離

象 離

錯 師 伏羲圓圖

綜 大有 雜綜 文王序卦

中爻 二四合巽 錯震綜兌 三五合乾 錯坤 孔子繫辭

同體 姤 大有○○○○小畜○○履○夬

五卦同體

情性 情剛性柔 情健性明

六爻變

初爻變艮 錯兌 綜震　成遯 錯臨 綜大壯　中爻 下巽 上乾　地位

二爻變乾 錯坤　成乾 錯坤　中爻 下乾 上乾　地位

三爻變震 錯巽 綜艮　成无妄 錯升 綜大畜　中爻 下艮 上巽　人位

四爻變巽 錯震 綜兌　成家人 錯解 綜睽　中爻 下坎 上離　人位

五爻變離 錯坎　成離 錯坎　中爻 下巽 上兌　天位

六爻變兌 錯艮 綜巽　成革 錯蒙 綜鼎　中爻 下巽 上乾　天位

大有 ䷍ 五陽一陰之卦 屬乾

象 離

錯 比 伏羲圓圖

綜 同人雜綜 文王序卦

中爻 二四合乾錯坤 三五合兌錯艮綜巽 孔子繫辭

同體 姤○○同人○○小畜○○履○夬五

卦同體

情性 情柔性剛 情明性健

六爻變

初爻變巽 錯震 綜兌　成鼎 錯屯 綜革　中爻 下乾 上兌　地位

二爻變離 錯坎　成離 錯坎　中爻 下巽 上兌　地位

三爻變兌 錯艮 綜巽　成睽 錯蹇 綜家人　中爻 下離 上坎　人位

四爻變艮 錯兌 綜震　成大畜 錯萃 綜无妄　中爻 下兌 上震　人位

五爻變乾 錯坤　成乾 錯坤　中爻 下乾 上乾　天位

六爻變震 錯巽　成大壯 錯觀 綜兌　中爻 下乾 上兌　天位

謙䷎　一陽五陰之卦　屬兌

象　坎

錯　履　　伏羲圓圖

綜　豫正綜　　文王序卦

中爻　二四合坎錯離　三五合震錯巽綜艮　　孔子繫辭

同體　剥○　○　○豫○　○師　○復比

五卦同體

情性　情柔性剛　情順性止

六爻變

初爻變離 錯坎 成明夷 錯訟 綜晉 中爻 下坎 上震 地位

二爻變巽 錯震 綜兌 成升 錯无妄 綜萃 中爻 下兌 上震 地位

三爻變坤 錯乾 成坤 錯乾 中爻 下坤 上坤 人位

四爻變震 錯巽 綜艮 成小過 錯中孚 中爻 下巽 上兌 人位

五爻變坎 錯離 成蹇 錯睽 綜解 中爻 下坎 上離 天位

六爻變艮 錯兌 綜震 成艮 錯兌 綜震 中爻 下坎 上震 天位

豫 ䷏ 一陽五陰之卦 屬震

象 坎

錯 小畜 伏羲圓圖

綜 謙正綜 文王序卦

中爻 二四合艮錯兌綜震 三五合坎錯離 孔子繫辭

同體 剥○謙○○○○師○○復比

五卦同體

情性 情剛性柔 情動性順

六爻變

初爻變震 錯巽綜艮　成震 錯巽綜艮　中爻 下艮上坎　地位

二爻變坎 錯離　成解 錯家人綜蹇　中爻 下離上坎　地位

三爻變艮 錯兌綜震　成小過 錯中孚　中爻 下巽上兌　人位

四爻變坤 錯乾　成坤 錯乾　中爻 下坤上坤　人位

五爻變兌 錯艮綜巽　成萃 錯大畜綜升　中爻 下艮上巽　天位

六爻變離 錯坎　成晉 錯需綜明夷　中爻 下艮上坎　天位

隨䷐ 三陽三陰之卦 屬震

象

錯 蠱 伏羲圓圖

綜 蠱雜綜 文王序卦

中爻 二四合艮錯兌綜震 三五合巽錯震綜兌 孔子繫辭

同體 否○困○咸歸妹○旅未濟○渙○恒○井○益噬嗑蠱○節既濟豐○賁損漸○泰十九卦同體

情性 情柔性剛 情悅性動

六爻變

初爻變坤 錯乾　成萃 錯大畜 綜升　中爻 下艮 上巽　地位

二爻變兌 錯艮 綜巽　成兌 錯艮 綜巽　中爻 下離 上巽　地位

三爻變離 錯坎　成革 錯蒙 綜鼎　中爻 下巽 上乾　人位

四爻變坎 錯離　成屯 錯鼎 綜蒙　中爻 下坤 上艮　人位

五爻變震 錯巽 綜艮　成震 錯巽 綜艮　中爻 下艮 上坎　天位

六爻變乾 錯坤　成无妄 錯升 綜大畜　中爻 下艮 上巽　天位

蠱䷑ 三陽三陰之卦 屬巽

象

錯 隨 伏羲圓圖

綜 隨雜綜 文王序卦

中爻 二四合兌錯艮綜巽 三五合震錯巽綜艮 孔子繫辭

同體 否○困○咸歸妹○旅未濟○渙○恒井隨○益噬嗑

○節未濟○豐○賁損漸○泰十九卦同體

情性 情剛性柔 情止性入

六爻變

初爻變乾 錯坤　成大畜 錯萃 綜无妄　中爻 下兑 上震　地位

二爻變艮 錯兑 綜震　成艮 錯兑 綜震　中爻 下坎 上震　地位

三爻變坎 錯離　成蒙 錯革 綜屯　中爻 下震 上坤　人位

四爻變離 錯坎　成鼎 錯屯 綜革　中爻 下乾 上兑　人位

五爻變巽 錯震 綜兑　成巽 錯震 綜兑　中爻 下兑 上離　天位

六爻變坤 錯乾　成升 錯无妄 綜萃　中爻 下兑 上震　天位

臨䷒ 二陽四陰之卦 屬坤 又十二月卦

象 震兌

錯 遯 伏羲圓圖

綜 觀正綜 文王序卦

中爻 二四合震錯巽綜艮 三五合坤錯乾 孔子繫辭

同體 觀晉○萃蹇小過○蒙○震解升○頤○坎

屯明夷○艮○ ○十四卦同體

情性 情柔性柔 情順性悅

六爻變

初爻變坎 錯離　成師 錯同人 綜比　中爻 下震 上坤　地位

二爻變震 錯巽 綜艮　成復 錯姤 綜剝　中爻 下坤 上坤　地位

三爻變乾 錯坤　成泰 錯否 綜否　中爻 下兌 上震　人位

四爻變震 錯巽 綜艮　成歸妹 錯漸 綜漸　中爻 下離 上坎　人位

五爻變坎 錯離　成節 錯旅 綜渙　中爻 下震 上艮　天位

六爻變艮 錯兌 綜震　成損 錯咸 綜益　中爻 下震 上坤　天位

觀䷓ 二陽四陰之卦 屬乾 又八月卦

象 巽艮

錯 大壯 伏羲圓圖

綜 臨正綜 文王序卦

中爻 二四合坤錯乾 三五合艮錯兌綜震 孔子繫辭

同體 晉○萃○蹇小過○蒙○震解升○頤○坎屯

明夷艮○臨十四卦同體

情性 情柔性柔 情入性順

六爻變

初爻變震 錯巽綜艮　成益 錯恒綜損　中爻 下坤上艮　地位

二爻變坎 錯離　成渙 錯豐綜節　中爻 下震上艮　地位

三爻變艮 錯兌綜震　成漸 錯歸妹綜歸妹　中爻 下坎上離　人位

四爻變乾 錯坤　成否 錯泰綜泰　中爻 下艮上巽　人位

五爻變艮 錯兌綜震　成剥 錯夬綜復　中爻 下坤上坤　天位

六爻變坎 錯離　成比 錯大有綜師　中爻 下坤上艮　天位

噬嗑 ䷔ 三陽三陰之卦 屬巽

象

錯 井 伏羲圓圖

綜 賁正綜 文王序卦

中爻 三四合艮錯兌綜震 三五合坎錯離 孔子繫辭

同體 否○困○咸歸妹○旅未濟渙○恒井隨○益蠱

○節既濟豐○賁損漸○泰十九卦同體

情性 情柔性剛 情明性動

六爻變

初爻變坤　錯乾　成晉　錯需　綜明夷　中爻　下艮　上坎　地位

二爻變兌　錯艮　綜巽　成睽　錯蹇　綜家人　中爻　下離　上坎　地位

三爻變離　錯坎　成離　錯坎　中爻　下巽　上兌　人位

四爻變艮　錯兌　綜震　成頤　錯大過　中爻　下坤　上坤　人位

五爻變乾　錯坤　成无妄　錯井　綜大畜　中爻　下艮　上巽　天位

六爻變震　錯巽　綜艮　成震　錯巽　綜艮　中爻　下艮　上坎　天位

賁䷕　三陽三陰之卦　屬艮

象

錯　困　伏羲圓圖

綜　噬嗑正綜　文王序卦

中爻　二四合坎錯離　三五合震錯巽綜艮　孔子繫辭

同體　否○困○咸歸妹○旅未濟○渙○恒井隨○益噬嗑

蠱○節既濟○豐○損漸○泰十九卦同體

情性　情剛性柔　情止性明

六爻變

初爻變艮 錯兌 綜震　成艮 錯兌 綜震　中爻 下坎 上震　地位

二爻變乾 錯坤　成大畜 錯萃 綜无妄　中爻 下兌 上震　地位

三爻變震 錯巽 綜艮　成頤 錯大過　中爻 下坤 上坤　人位

四爻變離 錯坎　成離 錯坎　中爻 下巽 上兌　人位

五爻變巽 錯震 綜兌　成家人 錯解 綜睽　中爻 下坎 上離　天位

六爻變坤 錯乾　成明夷 錯訟 綜晉　中爻 下坎 上震　天位

剝䷖　一陽五陰之卦　屬乾　又九月卦

象　巽艮

錯　夬　伏羲圓圖

綜　復正綜　文王序卦

中爻　二四合坤錯乾　三五合坤錯乾　孔子繫辭

同體　○謙○　○豫　○師○　○復

比五卦同體

情性　情剛性柔　情止性順

六爻變

初爻變震 錯巽 綜艮　成頤 錯大過　中爻 下坤 上坤　地位

二爻變坎 錯離　成蒙 錯革 綜屯　中爻 下震 上坤　地位

三爻變艮 錯兌 綜震　成艮 錯兌 綜震　中爻 下坎 上震　人位

四爻變離 錯坎　成晉 錯需 綜明夷　中爻 下艮 上坎　人位

五爻變巽 錯震 綜兌　成觀 錯大壯 綜臨　中爻 下坤 上艮　天位

六爻變坤 錯乾　成坤 錯乾　中爻 下坤 上坤　天位

復䷗　一陽五陰之卦　屬坤　又十一月卦

象　震兊　伏羲圓圖

錯　姤

綜　剥　正綜　文王序卦

中爻　二四合坤錯乾　三五合坤錯乾　孔子繫辭

同體　剥○謙○　○豫○　○師○　○比五

卦同體

情性　情柔性剛　情順性動

六爻變

初爻變坤 錯乾　成坤 錯乾　中爻 下坤 上坤　地位

二爻變兌 錯艮 綜巽　成臨 錯遯 綜觀　中爻 下震 上坤　地位

三爻變離 錯坎　成明夷 錯訟 綜晉　中爻 下坎 上震　人位

四爻變震 錯巽 綜艮　成震 錯巽 綜艮　中爻 下艮 上坎　人位

五爻變坎 錯離　成屯 錯鼎 綜蒙　中爻 下坤 上艮　天位

六爻變艮 錯兌 綜震　成頤 錯大過　中爻 下坤 上坤　天位

无妄 ䷘ 四陽二陰之卦 屬巽

象 離 伏羲圓圖

錯 升 文王序卦

綜 大畜正綜

中爻 二四合艮錯兌綜震 三五合巽錯震綜兌 孔子繫辭

同體 遯○兌○離○訟○大過○家人○革○大畜

睽中孚○大壯需十四卦同體

情性 情剛性剛 情徤性動

六爻變

初爻變坤 錯乾　成否 錯泰 綜泰　中爻 下艮 上巽　地位

二爻變兌 錯艮 綜巽　成履 錯謙 綜小畜　中爻 下離 上巽　地位

三爻變離 錯坎　成同人 錯師 綜大有　中爻 下巽 上乾　人位

四爻變巽 錯震 綜兌　成益 錯恒 綜損　中爻 下坤 上艮　人位

五爻變離 錯坎　成噬嗑 錯井 綜賁　中爻 下艮 上坎　天位

六爻變兌 錯艮 綜巽　成隨 錯蠱 綜蠱　中爻 下艮 上巽　天位

大畜䷙　四陽二陰之卦　屬艮

象　離　　伏羲圓圖

錯　萃

綜　无妄正綜　　文王序卦

中爻　二四合兌錯艮綜巽　三五合震錯巽綜艮　孔子繫辭

同體　遯○兌○離○鼎○訟○大過○巽○家人○无妄○革○睽

中孚○大壯○需十四卦同體

情性　情剛性剛　情止性健

六爻變

初爻變巽 錯震 綜兌　成蠱 錯隨 綜隨　中爻 下兌 上震　地位

二爻變離 錯坎　成賁 錯困 綜噬嗑　中爻 下坎 上震　地位

三爻變兌 錯艮 綜巽　成損 錯咸 綜益　中爻 下震 上坤　人位

四爻變離 錯坎　成大有 錯比 綜同人　中爻 下乾 上兌　人位

五爻變巽 錯震 綜兌　成小畜 錯豫 綜履　中爻 下兌 上離　天位

六爻變坤 錯乾　成泰 錯否 綜否　中爻 下兌 上震　天位

頤☶☳（二陽四陰之卦 屬巽

象 離 伏羲圓圖

錯 大過 文王序卦

綜

中爻 二四合坤錯乾 三五合坤錯乾 孔子繫辭

同體 觀晉○萃蹇小過○蒙○震解升○ ○坎

屯明夷○艮○臨十四卦同體

情性 情剛性剛 情止性動

六爻變

初爻變坤 錯乾　成剥 錯夬 綜復　中爻 下坤 上坤　地位

二爻變兌 錯艮 綜巽　成損 錯咸 綜益　中爻 下震 上坤　地位

三爻變離 錯坎　成賁 錯困 綜噬嗑　中爻 下坎 上震　人位

四爻變離 錯坎　成噬嗑 錯井 綜賁　中爻 下艮 上坎　人位

五爻變巽 錯震 綜兌　成益 錯恒 綜損　中爻 下坤 上艮　天位

六爻變坤 錯乾　成復 錯姤 綜剥　中爻 下坤 上坤　天位

大過䷛ 四陽二陰之卦 屬震

象 坎

錯 頤 伏羲圓圖

綜 文王序卦

中爻 二四合乾錯坤 三五合乾錯坤 孔子繫辭

同體 遯○兌○離○訟○ ○巽家人无妄○革○

大畜聯中孚○大壯需十四卦同體

情性 情柔性柔 情悅性入

六爻變

初爻變乾 錯坤 成夬 錯剥 綜姤 中爻 下乾 上乾 地位

二爻變艮 錯兑 綜震 成咸 錯損 綜恒 中爻 下巽 上乾 地位

三爻變坎 錯離 成困 錯賁 綜井 中爻 下離 上巽 人位

四爻變坎 錯離 成井 錯噬嗑 綜困 中爻 下兑 上離 人位

五爻變震 錯巽 綜艮 成恒 錯益 綜咸 中爻 下乾 上兑 天位

六爻變乾 錯坤 成姤 錯復 綜夬 中爻 下乾 上乾 天位

坎☵ 二陽四陰之卦

象 伏羲圓圖

錯 離 文王序卦亦錯

綜 孔子繫辭

中爻 二四合震錯巽綜艮 三五合艮錯兑綜震

同體 觀○晉○萃○蹇小過○蒙○震○解○升○頤○屯

明夷○艮○臨十四卦同體

情性 情剛性剛 情險性險

六爻變

初爻變兌 錯艮綜巽　成節 錯旅綜渙　中爻 下震上艮　地位

二爻變坤 錯乾　成比 錯大有綜師　中爻 下坤上艮　地位

三爻變巽 錯震綜兌　成井 錯噬嗑綜困　中爻 下兌上離　人位

四爻變兌 錯艮綜巽　成困 錯賁綜井　中爻 下離上巽　人位

五爻變坤 錯乾　成師 錯同人綜比　中爻 下震上坤　天位

六爻變巽 錯震綜兌　成渙 錯豐綜節　中爻 下震上艮　天位

離☲ 四陽二陰之卦 上經終于此

象

錯 坎 伏羲圓圖

綜 文王序卦

中爻 二四合巽錯震綜兊 三五合兊錯艮綜巽 孔子繫辭

同體 遯○兊○咼訟○大過○巽○家人○无妄○革○大畜

睽○中孚○大壯○需十四卦同體

情性 情柔性柔 情明性明

六爻變

初爻變艮 錯兌 綜震　成旅 錯節 綜豐　中爻 下巽 上兌　地位

二爻變乾 錯坤　成大有 錯比 綜同人　中爻 下乾 上兌　地位

三爻變震 錯巽 綜艮　成噬嗑 錯井 綜賁　中爻 下艮 上坎　人位

四爻變艮 錯兌 綜震　成賁 錯困 綜噬嗑　中爻 下坎 上震　人位

五爻變乾 錯坤　成同人 錯師 綜大有　中爻 下巽 上乾　天位

六爻變震 錯巽 綜艮　成豐 錯渙 綜旅　中爻 下巽 上兌　天位

咸䷞　三陽三陰之卦　屬兌下經始于此

象　坎

錯　損　伏羲圓圖

綜　恒正綜　文王序卦

中爻　二四合巽錯震綜兌　三五合乾錯坤　孔子繫辭

同體　否○困歸妹○旅未濟渙○恒井隨○益噬嗑蠱

節既濟豐○賁損漸○泰十九卦同體

情性　情柔性剛　情悅性止

六爻變

初爻變離 錯坎　成革 錯蒙 綜鼎　中爻 下巽 上乾　地位

二爻變巽 錯震 綜兌　成大過 錯頤　中爻 下乾 上乾　地位

三爻變坤 錯乾　成萃 錯大畜 綜升　中爻 下艮 上巽　人位

四爻變坎 錯離　成蹇 錯睽 綜解　中爻 下坎 上離　人位

五爻變震 錯巽 綜艮　成小過 錯中孚　中爻 下巽 上兌　天位

六爻變乾 錯坤　成遯 錯臨 綜大壯　中爻 下巽 上乾　天位

恒䷟ 三陽三陰之卦 屬震

象 坎

錯 益 伏羲圓圖

綜 咸正綜 文王序卦

中爻 二四合乾錯坤 三五合兌錯艮綜巽 孔子繫辭

同體 否○困○咸歸妹○旅未濟渙○井○隨○益噬嗑蠱

○節既濟豐○賁損漸○泰十九卦同體

情性 情剛性柔 情動性入

六爻變

初爻變乾 錯坤 成大壯 錯觀 綜遯 中爻下乾上兑 地位

二爻變艮 錯兑 綜震 成小過 錯中孚 中爻下巽上兑 地位

三爻變坎 錯離 成解 錯家人 綜蹇 中爻下離上坎 人位

四爻變坤 錯乾 成升 錯无妄 綜萃 中爻下兑上震 人位

五爻變兑 錯艮 綜巽 成大過 錯頤 中爻下乾上乾 天位

六爻變離 錯坎 成鼎 錯屯 綜革 中爻下乾上兑 天位

遯䷠ 四陽二陰之卦 屬乾又六月卦

象 巽 伏羲圓圖

錯 臨 文王序卦

綜 大壯正綜

中爻 二四合巽錯震綜兌 三五合乾錯坤 孔子繫辭

同體 ○兌○離鼎訟○大過○巽家人无妄○革○大畜睽中孚○大壯需十四卦同體

情性 情剛性剛 情健性止

六爻變

初爻變離 錯坎 成同人 錯師 綜大有 中爻 下巽 上乾 地位

二爻變巽 錯震 綜兌 成姤 錯復 綜夬 中爻 下乾 上乾 地位

三爻變坤 錯乾 成否 錯泰 綜泰 中爻 下艮 上巽 人位

四爻變巽 錯震 綜兌 成漸 錯歸妹 綜歸妹 中爻 下坎 上離 人位

五爻變離 錯坎 成旅 錯節 綜豐 中爻 下巽 上兌 天位

六爻變兌 錯艮 綜巽 成咸 錯巽 綜恒 中爻 下巽 上乾 天位

大壯 ䷡ 四陽二陰之卦 屬坤又二月卦

象 兑

錯 觀 伏羲圓圖

綜 遯正綜 文王序卦

中爻 二四合乾錯坤 三五合兑錯艮綜巽 孔子繫辭

同體 遯○兑○離○鼎訟○大過○巽○家人无妄○革○

大畜睽中孚○需十四卦同體

情性 情剛性剛 情動性健

六爻變

初爻變巽 錯震綜兌 成恒 錯益綜咸 中爻 下乾上兌 地位

二爻變離 錯坎 成豐 錯渙綜旅 中爻 下巽上兌 地位

三爻變兌 錯艮綜巽 成歸妹 錯漸綜漸 中爻 下離上坎 人位

四爻變坤 錯乾 成泰 錯否綜否 中爻 下兌上震 人位

五爻變兌 錯艮綜巽 成夬 錯剥綜姤 中爻 下乾上乾 天位

六爻變離 錯坎 成大有 錯比綜同人 中爻 下乾上兌 天位

晋䷢ 二陽四陰之卦 屬乾

象 伏羲圓圖

錯 需 文王序卦

綜 明夷 雜綜

中爻 二四合艮 錯兌 綜震 三五合坎 錯離 孔子繫辭

同體 觀○萃○蹇 小過○蒙○震○解○升○頤○坎○屯

明夷○艮○臨 十四卦同體

情性 情柔性柔 情明性順

六爻變

初爻變震 錯巽 綜艮　成噬嗑 錯井 綜賁　中爻 下艮 上坎　地位

二爻變坎 錯離　成未濟 錯既濟 綜既濟　中爻 下離 上坎　地位

三爻變艮 錯兌 綜震　成旅 錯節 綜豐　中爻 下巽 上兌　人位

四爻變艮 錯兌 綜震　成剝 錯夬 綜姤　中爻 下坤 上坤　人位

五爻變乾 錯坤　成否 錯泰 綜泰　中爻 下艮 上巽　天位

六爻變震 錯巽 綜艮　成豫 錯小畜 綜謙　中爻 下艮 上坎　天位

明夷䷣ 二陽四陰之卦 屬坎

象

錯 訟 伏羲圓圖

綜 晉雜綜 文王序卦

中爻 二四合坎錯離 三五合震錯巽綜艮 孔子繫辭

同體 觀晉○萃蹇小過○蒙○震解升○頤○坎

屯○艮○臨十四卦同體

情性 情柔性柔 情順性明

六爻變

初爻變艮 錯兌 綜震　成謙 錯履 綜豫　中爻 下坎 上震　地位

二爻變乾 錯坤　成泰 錯否 綜否　中爻 下兌 上震　地位

三爻變震 錯巽 綜艮　成復 錯姤 綜剝　中爻 下坤 上坤　人位

四爻變震 錯巽 綜艮　成豐 錯渙 綜旅　中爻 下巽 上兌　人位

五爻變坎 錯離　成既濟 錯未濟 綜未濟　中爻 下坎 上離　天位

六爻變艮 錯兌 綜震　成賁 錯困 綜噬嗑　中爻 下坎 上震　天位

家人 ䷤ 四陽二陰之卦 屬巽

象　伏羲圓圖

錯　解

綜　睽正綜　文王序卦

中爻　二四合坎錯離　三五合離錯坎　孔子繫辭

同體　遯○兌○離○咢○訟○大過○巽○无妄○革○大畜

睽○中孚○大壯○需十四卦同體

情性　情柔性柔　情入性明

六爻變

初爻變艮錯兌綜震　成漸錯歸妹綜歸妹　中爻下坎上離　地位

二爻變乾錯困　成小畜錯豫綜履　中爻下兌上離　地位

三爻變震錯巽綜艮　成益錯恒綜巽　中爻下坤上艮　人位

四爻變乾錯坤　成同人錯師綜大有　中爻下巽上乾　人位

五爻變艮錯兌綜震　成賁錯困綜噬嗑　中爻下坎上震　天位

六爻變坎錯離　成既濟錯未濟綜未濟　中爻下坎上離　天位

睽☲☱ 四陽二陰之卦 屬艮

象 伏羲圓圖

錯 蹇 文王序卦

綜 家人正綜 孔子繫辭

中爻 二四合離錯坎 三五合坎錯離

同體 遯○兌○離○鼎訟○大過○巽○家人无妄○革○

大畜中孚○大壯需十四卦同體

情性 情柔性柔 情明性悅

六爻變

初爻變坎錯離　成未濟錯既濟綜既濟　中爻下離上坎　地位

二爻變震錯兌綜艮　成噬嗑錯升綜賁　中爻下艮上坎　地位

三爻變乾錯坤　成大有錯比綜同人　中爻下乾上兌　人位

四爻變艮錯兌綜震　成損錯咸綜益　中爻下震上坤　人位

五爻變乾錯坤　成履錯謙綜小畜　中爻下離上巽　天位

六爻變震錯巽綜艮　成歸妹錯漸綜漸　中爻下離上坎　天位

蹇䷦ 二陽四陰之卦 屬兌

象

錯 睽 伏羲圓圖

綜 解正綜 文王序卦

中爻 二四合坎錯離 三五合離錯坎 孔子繫辭

同體 觀○晉○萃○小過○蒙○震○解○升○頤○坎○屯○明夷○艮○臨十四卦同體

情性 情剛性剛 情險性止

六爻變

初爻變離 錯坎　成既濟 錯未濟 綜未濟　中爻下坎 上離　地位

二爻變巽 錯震 綜兌　成井 錯噬嗑 綜困　中爻下兌 上離　地位

三爻變坤 錯乾　成比 錯大有 綜師　中爻下坤 上艮　人位

四爻變兌 錯艮 綜巽　成咸 錯巽 綜恒　中爻下巽 上乾　人位

五爻變坤 錯乾　成謙 錯履 綜豫　中爻下坎 上震　天位

六爻變巽 錯震 綜兌　成漸 錯歸妹 綜歸妹　中爻下坎 上離　天位

解 ䷧ 二陽四陰之卦 屬震

象

錯 家人 伏羲圓圖

綜 蹇 正綜 文王序卦

中爻 二四合離 錯坎 三五合坎 錯離 孔子繫辭

同體 觀晉○萃蹇小過○蒙○震升○頤○坎屯

明夷艮○臨十四卦同體

情性 情剛性剛 情動性險

六爻變

初爻變兌　錯艮　綜巽　成歸妹　錯漸　綜漸　中爻下離　上坎　地位

二爻變坤　錯乾　成豫　錯小畜　綜謙　中爻下艮　上坎　地位

三爻變巽　錯震　綜兌　成恒　錯益　綜咸　中爻下乾　上兌　人位

四爻變坤　錯乾　成師　錯同人　綜比　中爻下震　上坤　人位

五爻變兌　錯艮　綜巽　成困　錯賁　綜井　中爻下離　上巽　天位

六爻變離　錯坎　成未濟　錯既濟　綜既濟　中爻下離　上坎　天位

損䷨　三陽三陰之卦　屬艮

象　離　伏羲圓圖

錯　咸　文王序卦

綜　益正綜　孔子繫辭

中爻　二四合震錯巽綜艮　三五合坤錯乾

同體　否○困○咸歸妹○旅未濟○渙○恒井隨○益噬嗑

蠱○節既濟豐○賁漸○泰十九卦同體

情性　情剛性柔　情止性悅

六爻變

初爻變坎 錯離　成蒙 錯革 綜屯　中爻 下震 上坤　地位

二爻變震 錯巽 綜艮　成頤 錯大過　中爻 下坤 上坤　地位

三爻變乾 錯坤　成大畜 錯萃 綜无妄　中爻 下兌 上震　人位

四爻變離 錯坎　成睽 錯蹇 綜家人　中爻 下離 上坎　人位

五爻變巽 錯震 綜兌　成中孚 錯小過　中爻 下震 上艮　天位

六爻變坤 錯乾　成臨 錯遯 綜觀　中爻 下震 上坤　天位

益䷩　三陽三陰之卦　屬巽

象　離

錯　恒　伏羲圓圖

綜　損　正綜　文王序卦

中爻　二四合坤　錯乾　三五合艮　錯兌綜震　孔子繫辭

同體　否○困○咸歸妹○旅未濟○渙○恒井隨○噬嗑蠱

○節既濟豐○賁損漸○泰十九卦同體

情性　情柔性剛　情入性動

六爻變

初爻變坤　錯乾	成觀　錯大壯　綜臨	中爻　下坤　上艮	地位
二爻變兌　錯艮　綜巽	成中孚　錯小過	中爻　下震　上艮	地位
三爻變離　錯坎	成家人　錯解　綜睽	中爻　下坎　上離	人位
四爻變乾　錯坤	成无妄　錯升　綜大畜	中爻　下艮　上巽	人位
五爻變艮　錯兌　綜震	成頤　錯大過	中爻　下坤　上坤	天位
六爻變坎　錯離	成屯　錯鼎　綜蒙	中爻　下坤　上艮	天位

夬䷪ 五陽一陰之卦 屬坤 又三月卦

象 震

錯 剥 伏羲圓圖

綜 姤正綜 文王序卦

中爻 二四合乾錯坤 三五合乾錯坤 孔子繫辭

同體 姤大有○ ○同人○ ○小畜○ ○履五卦

同體

情性 情柔性剛 情悦性健

六爻變

初爻變巽 錯震 綜兊	成大過 錯頤	中爻 下乾 上乾	地位
二爻變離 錯坎	成革 錯蒙 綜鼎	中爻 下巽 上乾	地位
三爻變兊 錯艮 綜巽	成兊 錯艮 綜巽	中爻 下離 上巽	人位
四爻變坎 錯離	成需 錯晉 綜訟	中爻 下兊 上離	人位
五爻變震 錯巽 綜艮	成大壯 錯觀 綜遯	中爻 下乾 上兊	天位
六爻變乾 錯坤	成乾 錯坤	中爻 下乾 上乾	天位

姤䷫ 五陽一陰之卦 屬乾又五月卦

象 艮

錯 復 伏羲圓圖

綜 夬正綜 文王序卦

中爻 二四合乾錯坤 三五合乾錯坤 孔子繫辭

同體 大有○○同人○○小畜○○履○夬五

卦同體

情性 情剛性柔 情健性入

六爻變

初爻變乾錯坤　成乾錯坤　中爻下乾上乾　地位

二爻變艮錯兌綜震　成遯錯臨綜大壯　中爻下巽上乾　地位

三爻變坎錯離　成訟錯明夷綜需　中爻下離上巽　人位

四爻變巽錯震綜兌　成巽錯震綜兌　中爻下兌上離　人位

五爻變離錯坎　成鼎錯屯綜革　中爻下乾上兌　天位

六爻變兌錯艮綜巽　成大過錯頤　中爻下乾上乾　天位

萃䷬ 二陽四陰之卦 屬兌

象 坎

錯 大畜 伏羲圓圖

綜 升正綜 文王序卦

中爻 二四合艮錯兌綜震 三五合巽錯震綜兌 孔子繫辭

同體 觀晉○蹇小過○蒙○震解升○順○坎屯

明夷○艮○臨十四卦同體

情性 情柔性柔 情悅性順

六爻變

初爻變震 錯巽 綜艮	成隨 錯蠱 綜蠱	中爻 下艮 上巽	地位
二爻變坎 錯離	成困 錯賁 綜井	中爻 下離 上巽	地位
三爻變艮 錯兌 綜震	成咸 錯巽 綜恒	中爻 下巽 上乾	人位
四爻變坎 錯離	成比 錯大有 綜師	中爻 下坤 上艮	人位
五爻變震 錯巽 綜艮	成豫 錯小畜 綜謙	中爻 下艮 上坎	天位
六爻變乾 錯坤	成否 錯泰 綜泰	中爻 下艮 上巽	天位

升䷭二陽四陰之卦　屬震

象　坎　伏羲圓圖

錯　无妄　文王序卦

綜　萃　正綜

中爻　二四合兑錯艮綜巽　三五合震錯巽綜艮　孔子繫辭

同體　觀晉○萃蹇小過○蒙○震解○頤○坎屯

明夷○艮○臨十四卦同體

情性　情柔性柔　情順性入

六爻變

初爻變乾 錯坤 成泰 錯否 綜否 中爻 下兌 上震 地位

二爻變艮 錯兌 綜震 成謙 錯履 綜豫 中爻 下坎 上震 地位

三爻變坎 錯離 成師 錯同人 綜屯 中爻 下震 上坤 人位

四爻變震 錯巽 綜震 成恒 錯益 綜咸 中爻 下乾 上兌 人位

五爻變坎 錯離 成井 錯噬嗑 綜困 中爻 下兌 上離 天位

六爻變艮 錯兌 綜震 成蠱 錯隨 綜隨 中爻 下兌 上震 天位

困䷮ 三陽三陰之卦 屬兌

象

錯 賁 伏羲圓圖

綜 井正綜 文王序卦

中爻 二合離錯坎 四 三合巽錯震綜兌 五 孔子繫辭

同體 否○咸○歸妹○旅○未濟○渙○恒○井○隨○益○噬嗑○蠱

○節既濟○豐○賁○損○漸○泰十九卦同體

情性 情柔性剛 情悅性險

六爻變

初爻變兌 錯艮 綜巽 成兌 錯艮 綜巽 中爻下離 上巽 地位

二爻變坤 錯乾 成萃 錯大畜 綜升 中爻下艮 上巽 地位

三爻變巽 錯震 綜兌 成大過 錯頤 中爻下乾 上乾 人位

四爻變坎 錯離 成坎 錯離 中爻下震 上艮 人位

五爻變震 錯巽 綜艮 成解 錯家人 綜蹇 中爻下離 上坎 天位

六爻變乾 錯坤 成訟 錯明夷 綜需 中爻下離 上巽 天位

井䷯　三陽三陰之卦　屬震

象

錯　噬嗑　伏羲圓圖

綜　困正綜　文王序卦

中爻　二四合兌錯艮綜巽　三五合離錯坎　孔子繫辭

同體　否○困○咸○歸妹○旅○未濟○渙○恒○隨○益○噬嗑○蠱

○節○豐○賁○損○漸○泰十九卦同體

情性　情剛性柔　情險性入

六爻變

初爻變乾 錯坤　成需 錯晋 綜訟　中爻 下兑 上離　地位

二爻變艮 錯兑 綜震　成蹇 錯睽 綜解　中爻 下坎 上離　地位

三爻變坎 錯離　成坎 錯離　中爻 下震 上艮　人位

四爻變兑 錯艮 綜巽　成大過 錯頤　中爻 下乾 上乾　人位

五爻變坤 錯乾　成升 錯无妄 綜萃　中爻 下兑 上震　天位

六爻變巽 錯震 綜兑　成巽 錯震 綜兑　中爻 下兑 上離　天位

革䷰ 四陽二陰之卦 屬坎

象 伏羲圓圖

錯 蒙 文王序卦

綜 鼎正綜 孔子繫辭

中爻 二四合巽錯震綜兌 三五合乾

同體 遯○兌○離鼎訟○大過○巽○家人无妄○ ○

大畜睽中孚○大壯需十四卦同體

情性 情柔性柔 情悅性明

六爻變

初爻變艮 錯兌 綜震	成咸 錯損 綜恒	中爻 下巽 上乾	地位
二爻變乾 錯坤	成夬 錯剝 綜姤	中爻 下乾 上乾	地位
三爻變震 錯巽 綜艮	成隨 錯蠱 綜蠱	中爻 下艮 上巽	人位
四爻變坎 錯離	成既濟 錯未濟 綜未濟	中爻 下坎 上離	人位
五爻變震 錯巽 綜艮	成豐 錯渙 綜旅	中爻 下巽 上兌	天位
六爻變乾 錯坤	成同人 錯師 綜大有	中爻 下巽 上乾	天位

鼎䷱　四陽二陰之卦　屬離

象　　　　伏羲圓圖

錯　屯　　　文王序卦

綜　革正綜

中爻　二四合乾錯坤　三五合兌錯艮綜巽　孔子繫辭

同體　遯○兌○離○訟○大過○巽○家人○无妄○革○大畜

睽○中孚○大壯　需十四卦同體

情性　情柔性柔　情明性入

六爻變

初爻變乾 錯坤　成大畜 錯比 綜同人　中爻 下乾 上兌　地位

二爻變艮 錯兌 綜震　成旅 錯節 綜豐　中爻 下巽 上兌　地位

三爻變坎 錯離　成未濟 錯既濟 綜既濟　中爻 下離 上坎　人位

四爻變艮 錯兌 綜震　成蠱 錯隨 綜隨　中爻 下兌 上震　人位

五爻變乾 錯坤　成姤 錯復 綜夬　中爻 下乾 上乾　天位

六爻變震 錯巽 綜艮　成恒 錯益 綜咸　中爻 下乾 上兌　天位

震䷲ 二陽四陰之卦

象　伏羲圓圖

錯　巽　文王序卦

綜　艮正綜　孔子繫辭

中爻　二四合艮錯兌綜震　三五合坎錯離

同體　觀晉○萃蹇小過○蒙○觧升○頤○坎屯

明夷○艮○臨十四卦同體

情性　情剛性剛　情動性動

六爻變

初爻變坤 錯乾 成豫 錯小畜 綜謙 中爻 下艮 上坎 地位

二爻變兌 錯艮 綜巽 成歸妹 錯漸 綜漸 中爻 下離 上坎 地位

三爻變離 錯坎 成豐 錯渙 綜旅 中爻 下巽 上兌 人位

四爻變坤 錯乾 成復 錯姤 綜剥 中爻 下坤 上坤 人位

五爻變兌 錯艮 綜巽 成隨 錯蠱 綜蠱 中爻 下艮 上巽 天位

六爻變離 錯坎 成噬嗑 錯井 綜賁 中爻 下艮 上坎 天位

艮䷳ 二陽四陰之卦

象

錯　兌　伏羲圓圖

綜　震正綜　文王序卦

中爻　二四合坎錯離　三五合震錯巽綜艮　孔子繫辭

同體　觀晉○萃蹇小過○蒙○震解升○頤○坎

屯明夷○　○臨十四卦同體

情性　情剛性剛　情止性止

六爻變

初爻變離 錯坎　成賁 錯困 綜噬嗑　中爻 下坎 上震　地位

二爻變巽 錯震 綜兌　成蠱 錯隨 綜隨　中爻 下兌 上震　地位

三爻變坤 錯乾　成剝 錯夬 綜復　中爻 下坤 上坤　人位

四爻變離 錯坎　成旅 錯節 綜豐　中爻 下巽 上兌　人位

五爻變巽 錯震 綜兌　成漸 錯歸妹 綜歸妹　中爻 下坎 上離　天位

六爻變坤 錯乾　成謙 錯履 綜豫　中爻 下坎 上震　天位

漸䷴　三陽三陰之卦　屬艮

象

錯　歸妹　　　　伏羲圓圖

綜　歸妹雜綜　　　　文王序卦

中爻　二四合坎錯離　三五合離錯坎　　孔子繫辭

同體　否○困○咸歸妹○旅未濟○渙○恒井隨○益噬嗑

蠱○節既濟豐○賁損○泰十九卦同體

情性　情柔性剛　情入性止

六爻變

初爻變離　错坎　成家人　错解　综睽　中爻　下坎　上離　地位

二爻變巽　错震　综兑　成巽　错震　综兑　中爻　下兑　上離　地位

三爻變坤　错乾　成觀　错大壯　综臨　中爻　下坤　上艮　人位

四爻變乾　错坤　成遯　错臨　综大壯　中爻　下巽　上乾　人位

五爻變艮　错兑　综震　成艮　错兑　综震　中爻　下坎　上震　天位

六爻變坎　错離　成蹇　错睽　综解　中爻　下坎　上離　天位

歸妹䷵　三陽三陰之卦　屬兌

象

錯　漸　伏羲圓圖

綜　漸雜綜　文王序卦

中爻　二四合離錯坎　三五合坎錯離　孔子繫辭

同體　否○困○咸○旅未濟渙○恒○井○隨○益噬嗑蠱

○節既濟豐○賁○損○漸○泰十九卦同體

情性　情剛性柔　情動性悅

六爻變

初爻變坎 錯離　成解 錯家人 綜蹇　中爻 下離 上坎　地位

二爻變震 錯巽 綜艮　成震 錯巽 綜艮　中爻 下艮 上坎　地位

三爻變乾 錯坤　成大壯 錯觀 綜遯　中爻 下乾 上兌　人位

四爻變坤 錯乾　成臨 錯遯 綜觀　中爻 下震 上坤　人位

五爻變兌 錯艮 綜巽　成兌 錯艮 綜巽　中爻 下離 上巽　天位

六爻變離 錯坎　成睽 錯蹇 綜家人　中爻 下離 上坎　天位

豐 ䷶ 三陽三陰之卦 屬坎

象 伏羲圓圖

錯 渙 文王序卦

綜 旅正綜 孔子繫辭

中爻 二四合巽錯震綜兌 三五合兌錯艮綜巽

同體 否○困○咸歸妹○旅未濟○渙○恒井隨○益噬嗑

蠱節既濟○賁損漸○泰十九卦同體

情性 情剛性柔 情動性明

六爻變

初爻變艮 錯兌 綜震	成小過 錯中孚	中爻 下巽 上兌	地位
二爻變乾 錯坤	成大壯 錯觀 綜遯	中爻 下乾 上兌	地位
三爻變震 錯巽 綜艮	成震 錯巽 綜艮	中爻 下艮 上坎	人位
四爻變坤 錯乾	成明夷 錯訟 綜晉	中爻 下坎 上震	人位
五爻變兌 錯艮 綜巽	成革 錯蒙 綜鼎	中爻 下巽 上乾	天位
六爻變離 錯坎	成離 錯坎	中爻 下巽 上兌	天位

旅䷷　三陽三陰之卦　屬離

象

錯　節　伏羲圓圖

綜　豐正綜　文王序卦

中爻　二四合巽錯震綜兌　三五合兌錯艮綜巽　孔子繫辭

同體　否○困○咸○歸妹○未濟○渙○恒○井○隨○益○噬嗑○蠱

○節○既濟○豐○賁○損○漸○泰十九卦同體

情性　情柔性剛　情明性止

六爻變

初爻變離 錯坎	成離 錯坎	中爻 下巽 上兌	地位
二爻變巽 錯震 綜兌	成鼎 錯屯 綜革	中爻 下乾 上兌	地位
三爻變坤 錯乾	成晉 錯需 綜明夷	中爻 下艮 上坎	人位
四爻變艮 錯兌 綜震	成艮 錯兌 綜震	中爻 下坎 上震	人位
五爻變乾 錯坤	成遯 錯臨 綜大壯	中爻 下巽 上乾	天位
六爻變震 錯巽 綜艮	成小過 錯中孚	中爻 下巽 上兌	天位

巽☴ 四陽二陰之卦

象

錯　震　　伏羲圓圖

綜　兌正綜　　文王序卦

中爻　二四合兌錯艮綜巽　三五合離錯坎　孔子繫辭

同體　遯○兌○離○鼎○訟○大過○家人○无妄○革○大畜

聯　中孚○大壯○需十四卦同體

情性　情柔性柔　情入性入

六爻變

初爻變乾 錯坤 成小畜 錯豫 綜履 中爻 下兌 上離 地位

二爻變艮 錯兌 綜震 成漸 錯歸妹 綜歸妹 中爻 下坎 上離 地位

三爻變坎 錯離 成渙 錯豐 綜節 中爻 下震 上艮 人位

四爻變乾 錯坤 成姤 錯復 綜夬 中爻 下乾 上乾 人位

五爻變艮 錯兌 綜震 成蠱 錯隨 綜隨 中爻 下兌 上震 天位

六爻變坎 錯離 成井 錯噬嗑 綜困 中爻 下兌 上離 天位

兌䷹四陽二陰之卦

象

錯　艮　伏羲圓圖

綜　巽正綜　文王序卦

中爻　二四合離錯坎　三五合巽錯震綜兌　孔子繫辭

同體　遯○○離咼訟○大過○巽家人无妄○革○

大畜睽中孚○大壯需十四卦同體

情性　情柔性柔　情悅性悅

六爻變

初爻變坎 錯離　成困 錯賁 綜井　中爻 下離 上巽　地位

二爻變震 錯巽　成隨 錯蠱 綜蠱　中爻 下艮 上巽　地位

三爻變乾 錯坤　成夬 錯剝 綜姤　中爻 下乾 上乾　人位

四爻變坎 錯離　成節 錯旅 綜渙　中爻 下震 上艮　人位

五爻變震 錯巽 綜艮　成歸妹 錯漸 綜漸　中爻 下離 上坎　天位

六爻變乾 錯坤　成履 錯謙 綜小畜　中爻 下離 上巽　天位

渙䷺ 三陽三陰之卦 屬離

象

錯 豐 伏羲圓圖

綜 節正綜 文王序卦

中爻 三四合震錯巽綜艮 三五合艮錯兌綜震 孔子繫辭

同體 否○困○咸○歸妹○旅○未濟○恒○井○隨○益○噬嗑○蠱○節○既濟○豐○賁○損○漸○泰十九卦同體

情性 情柔性剛 情入性險

六爻變

初爻變兌 錯兌 綜巽 成中孚 錯小過 中爻下震 上艮 地位

二爻變坤 錯乾 成觀 錯大壯 綜臨 中爻下坤 上艮 地位

三爻變巽 錯震 綜兌 成巽 錯震 綜兌 中爻下兌 上離 人位

四爻變乾 錯坤 成訟 錯明夷 綜需 中爻下離 上巽 人位

五爻變艮 錯兌 綜震 成蒙 錯革 綜屯 中爻下震 上坤 天位

六爻變坎 錯離 成坎 錯離 中爻下震 上艮 天位

節䷻ 三陽三陰之卦 屬坎

象 伏羲圓圖

錯 旅 文王序卦

綜 渙正綜 孔子繫辭

中爻 二四合震錯巽綜艮 三五合艮錯兌綜震

同體 否○困○咸歸妹○旅未濟○渙○恒○井○隨○益噬嗑

蠱○既濟○豐○賁○損○漸○泰 十九卦同體

情性 情剛性柔 情險性悅

六爻變

初爻變坎錯離　成坎錯離　中爻下震上艮　地位

二爻變震錯巽綜艮　成屯錯鼎綜蒙　中爻下坤上艮　地位

三爻變乾錯坤　成需錯晉綜訟　中爻下兌上離　人位

四爻變兌錯艮綜巽　成兌錯艮綜巽　中爻下離上巽　人位

五爻變坤錯乾　成臨錯遯綜觀　中爻下震上坤　天位

六爻變巽錯震綜兌　成中孚錯小過　中爻下震上艮　天位

中孚 ䷼ 四陽二陰之卦 屬艮

象 離

錯 小過 伏羲圓圖

綜 文王序卦

中爻 二四合震錯巽綜艮 三五合艮錯兌綜震 孔子繫辭

同體 遯○兌○離鼎訟○大過○巽○家人无妄○革○大畜○睽○大壯需十四卦同體

情性 情柔性柔 情入性悅

六爻變

初爻變坎 錯離 成渙 錯豐 綜節 中爻 下震 上艮 地位

二爻變震 錯巽 綜艮 成益 錯恒 綜損 中爻 下坤 上艮 地位

三爻變乾 錯坤 成小畜 錯豫 綜履 中爻 下兑 上離 人位

四爻變乾 錯坤 成履 錯謙 綜小畜 中爻 下離 上巽 人位

五爻變艮 錯兑 綜震 成損 錯咸 綜益 中爻 下震 上坤 天位

六爻變坎 錯離 成節 錯旅 綜渙 中爻 下震 上艮 天位

小過 ䷽ 二陽四陰之卦 屬兌

象 坎

錯 中孚 伏羲圓圖

綜 文王序卦

中爻 二四合巽 錯震 綜兌 三五合兌 錯艮 綜巽 孔子繫辭

同體 觀晉○萃蹇○蒙○震解升○頤○坎屯○明夷○艮○臨十四卦同體

情性 情剛性剛 情動性止

六爻變

初爻變離 錯坎　成豐 錯渙 綜旅　中爻 下巽 上兌　地位

二爻變巽 錯震 綜兌　成恒 錯益 綜咸　中爻 下乾 上兌　地位

三爻變坤 錯乾　成豫 錯旅 綜謙　中爻 下艮 上坎　人位

四爻變坤 錯乾　成謙 錯履 綜豫　中爻 下坎 上震　人位

五爻變兌 錯艮 綜巽　成咸 錯損 綜恒　中爻 下巽 上乾　天位

六爻變離 錯坎　成旅 錯節 綜豐　中爻 下巽 上兌　天位

既濟 ䷾ 三陽三陰之卦　屬坎

象　伏羲圓圖

錯　未濟

綜　未濟正綜　文王序卦

中爻　二四合坎錯離　三五合離錯坎　孔子繫辭

同體　否○困咸歸妹○旅未濟渙○恒井隨○益噬嗑

蠱○節豐○賁損漸○泰十九卦同體

情性　情剛性柔　情險性明

六爻變

初爻變艮 錯兌 綜震　成蹇 錯睽 綜解　中爻 下坎 上離　地位

二爻變乾 錯坤　成需 錯晋 綜訟　中爻 下兌 上離　地位

三爻變震 錯巽 綜艮　成屯 錯鼎 綜蒙　中爻 下坤 上艮　人位

四爻變兌 錯艮 綜巽　成革 錯蒙 綜鼎　中爻 下巽 上乾　人位

五爻變坤 錯乾　成明夷 錯訟 綜晋　中爻 下坎 上震　天位

六爻變巽 錯震 綜兌　成家人 錯解 綜睽　中爻 下坎 上離　天位

未濟 ䷿ 三陽三陰之卦 屬離

象

錯 既濟 伏羲圓圖

綜 既濟正綜 文王序卦

中爻 二四合離錯坎 三五合坎錯離 孔子繫辭

同體 否○困咸歸妹○旅渙○恒井隨○益噬嗑蠱
○節既濟豐○賁損漸○泰十九卦同體

情性 情柔性剛 情明性險

六爻變

初爻變兌 錯艮 綜巽　成睽 錯蹇 綜家人　中爻 下離 上坎　地位

二爻變坤 錯乾　成晉 錯需 綜明夷　中爻 下艮 上坎　地位

三爻變巽 錯震 綜兌　成鼎 錯屯 綜革　中爻 下乾 上兌　人位

四爻變艮 錯兌 綜震　成蒙 錯革 綜屯　中爻 下震 上坤　人位

五爻變乾 錯坤　成訟 錯明夷 綜需　中爻 下離 上巽　天位

六爻變震 錯巽 綜艮　成解 錯家人 綜蹇　中爻 下離 上坎　天位

梁山來知德先生易經集註卷之一

平山後學崔華重訂　男巒岱[illegible]齊同校

周易上經

周代名。易書名。卦則伏羲所畫也。伏羲仰觀俯察。見陰陽有奇耦之數。故畫一奇以象陽。畫一耦以象陰。見一陰一陽有各生之象。故自下而上。再倍而三。以成八卦。又于八卦之上。各變八卦。以成六十四卦。六十四卦皆重而爲六畫者。以陽極于六。陰極于六。故聖人作易六畫而成卦。六變而成爻。兼三才而兩之。皆因天地自然之數。非聖人之安排也。以易名書者。以字之義有交易變易之義。交易以對待言。如天氣下降以交于地。地氣上騰以交于天也。變易以流行言。如陽極則變陰。陰極則變陽也。陰陽之理。非交易則變易。故以易名之。所以其書不可爲典要。惟變所適也。夏易名連山。首艮。商易名歸藏。首坤。曰周者。以其辭成于文王周公。故以周名之。而分爲上下二篇云。

☰☰ 乾下乾上

乾元亨利貞

乾、卦名。元亨利貞者。文王所繫之辭。以斷一卦之吉凶。所謂彖辭也。乾者、健也。陽主于動。動而有常。其動不息。非至健不能。奇者、陽之數。天者、陽之體。健者、陽之性。如火性熱。水性寒也。六畫皆奇。則純陽而至健矣。故不言天而言乾也。元大亨通、利宜、貞、正而固也。元亨者、天道之本然。數也。利貞者、人事之當然。理也。易經理數不相離。因乾道陽明純

粹。無纖毫陰柔之私。惟天與聖人足以當之。所以
斷其必大亨也。故數當大亨。而必以貞處之。方與
乾道相合。若其不貞。少有人欲之私。則人事之當
然者廢。又安能元亨乎。故文王言筮得此卦者。大
亨而宜于正固。此則聖人作易開物成務。冐天下
之道。教人以反身修省之切要也。學者能于此四
字潛心焉。傳心之要不外是矣。此文王占卜所繫
之辭。不可即指爲四德。至孔子文言純以義理論
方指爲四德也。蓋占卜不論天子。不論庶人。皆利

于貞若即以爲四德失文王設教之意矣。

初九潛龍勿用

此周公所繫之辭。以斷一爻之吉凶。所謂爻辭也。凡畫卦者自下而上。故謂下爻爲初。初九者卦下陽爻之名也。陽曰九。陰曰六者。河圖洛書五皆居中。則五者數之祖也。故聖人起數止于一二三四五。參天兩地而倚數。參天者天之三位也。天一天三天五也。兩地者地之二位也。地二地四也。倚者依也。天一依天三。天三依天五而爲九。所以陽皆言九地二依地四而爲六所以陰皆言六一二三四五者生數也六七八九十者成數也然生數者成之端倪成數者生之結果故止以生數起之過揲之數皆以此九六之參兩所以爻言九六也潛藏也象初龍陽物變化莫測亦猶乾道變化故象九且此爻變巽錯震亦有龍象故六爻以龍言之所謂擬諸形容象其物宜者此也勿用者未可施用也象爲潛龍占爲勿用故占得乾而遇此爻之變者當觀此象而玩此占也諸爻倣此易不似

別經不可爲典要如占得潛龍之象在天子則當傳位在公卿則當退休在士子則當靜修在賢人則當隱逸在商賈則當待價在戰陣則當左次在女子則當愆期萬事萬物莫不皆然若不知象一爻止一事則三百八十四爻止作得三百八十四件事矣何以彌綸天地此訓象訓字訓錯綜之義圈外方是正意三百八十四爻倣此○初九陽氣方萌在于卦下蓋龍之潛藏而未出者也故有潛龍之象龍未出潛則未可施用矣故教占者勿用

養晦以待時可也。

九二見龍在田利見大人見龍之見賢遍反

二、謂自下而上第二爻也。九二非正。然剛健中正。本乾之德。故舊註亦以正言之。見者初爲潛二則離潛而出見也。田者、地之有水者也。以六畫卦言之。二于三才爲地道。地上卽田也。大人者、大德之人也。陽大陰小。乾卦六爻皆陽。故爲大。以三畫卦言之。二于三才爲人道。大人之象也。故稱大人。所以應爻九五亦曰大人。二五得稱大人者。皆以三畫卦言也利見大人者利見九五之君以行其道也如仕進則利見君如雜占則卽今占卜利見貴人之類此爻變離有同人象故利見大人○九二以陽剛中正之德當出潛離隱之時而上應九五之君故有此象而其占則利見大人也占者有是德方應是占矣

九三君子終日乾乾夕惕若厲无咎

君子指占者以六畫卦言之三于三才爲人道以乾德而居人道君子之象也故三不言龍三變則

中爻爲離。離日在下卦之中。終日之象也。下乾終
而上乾繼。乾乾之象。乃健而不息也。終日是晝。夕
則將夜。惕、憂也。變離錯坎。憂之象也。若、助語辭。夕
對日言。終日乾乾。夕惕若者。言終日乾乾。雖至于
夕。而兢惕之心猶夫終日也。厲者、危厲不安也。九
陽爻。三陽位。過剛不中。多凶之地也。故言厲。无咎
者。以危道處危地。操心危。慮患深。則終于不危矣。
此不易之理也。故无咎。○九三過剛不中。若有咎
矣。然性體剛健。有能朝夕兢惕不已之象。占者能

憂懼如是。亦无咎也。

九四。或躍在淵。无咎。

或者。欲進未定之辭。非猶豫狐疑也。或躍在淵者。欲躍猶在淵也。九爲陽。陽動。故言躍。四爲陰。陰虛。故象淵。此爻變巽爲進退。爲不果。又四多懼。故或躍在淵。○九四以陽居陰。陽則志于進。陰則不果于進。居上之下。當改革之際。欲進未定之時也。故有或躍在淵之象。占者能隨時進退。斯无咎矣。

九五。飛龍在天。利見大人。

五天位龍飛于天之象也占法與九二同者二五皆中位特分上下耳利見大人如堯之見舜高宗之見傅說是也下此如沛公之見張良昭烈之見孔明亦庶幾近之六畫之卦五爲天三畫之卦五爲人故曰天曰人○九五剛健中正以聖人之德居天子之位而下應九二故其象占如此占者如無九五之德位必不應利見之占矣

上九亢龍有悔

上者最上一爻之名亢以戸唐切人頸也以苦浪

切高也吳幼清以人之喉骨剛而居高是也蓋上而不能下信而不能屈之意陰陽之理極處必變陽極則生陰陰極則生陽消長盈虛此一定之理數也龍之爲物始而潛繼而見中而躍終而飛既飛于天至秋分又蟄而潛于淵此知進知退變化莫測之物也九五飛龍在天位之極中正者得時之極乃在于此若復過于此則極而亢矣以時則極以勢則窮安得不悔○上九陽剛之極有亢龍之象故占者有悔知進知退不與時偕極斯無悔

矣。伊尹之復政厥辟。周公之罔以寵利居成功。皆無悔者也。

用九見羣龍无首吉

此因上九亢龍有悔而言之。用九者。猶言處此上九之位也。上九貴而無位。高而無民。賢人在下位而無輔。動而有悔矣。到此何以處之哉。惟見羣龍無首則吉。羣龍者、潛見躍飛之龍也。首者、頭也。乾爲首。凡卦初爲足。上爲首。則上九卽羣龍之首也。不見其首。則陽變爲陰。剛變爲柔。知進知退。知存知亡。知得知喪。不爲窮災。不與時偕極。乃見天則而天下治矣。所以無悔而吉。此聖人開遷善之門。教占者用此道也。故陽極則教以見羣龍無首吉。陰極則教以利永貞。蓋居九而爲九所用。我不能用九。故至于亢。居六而爲六所用。我不能用六。故至于戰。惟見羣龍無首。利永貞。此用九用六之道也。乾主知。故言見。坤主能。故言利永貞。用易存乎人。故聖人教之以此。昔王介甫常欲繫用九于亢龍有悔之下。得其旨矣。

彖曰大哉乾元萬物資始乃統天

乾元亨利貞者。文王所繫之辭。彖之經也。此則孔子贊經之辭。彖之傳也。故亦以彖曰起之。彖者、材也。言一卦之材也。後人解彖者斷也。又解豕走悅。又解爲茅犀之名。不如只依孔子材之一字可也。下文象曰象字亦然。易本占卜之書。曰元亨利貞者。文王主于卜筮以教人也。至于孔子之傳。則專于義理矣。故以元亨利貞分爲四德。此則專以天道發明乾義也。大哉、歎辭。乾元者、乾之元也。元者、大也始也始者物之始非以萬物之始卽元也言萬物所資以始者乃此四德之元也此言氣而不言形若涉于形便是坤之資生矣統包括也乾元乃天德之大始故萬物之生皆資之以爲始又爲四德之首而貫乎天德之始終故統天天之爲天出乎震而生長收藏不過此四德而已統四德則統天矣資始者無物不有也統天者無時不然也無物不有無時不然此乾元之所以爲大也此釋元之義

雲行雨施品物流形（施始智反）

有是氣。即有是形。資始者、氣也。氣發洩之盛。則雲行雨施矣。品者、物各分類。流者、物各以類而生生不已。其機不停滯也。雲行雨施者。氣之亨。品物流形者。物隨造化以亨也。雖物之亨通、而其實乾德之亨通。此釋乾之亨。施有二義。平聲者用也。加也。設也。去聲者布也。散也。惠也。與也。此則去聲之義。

大明終始六位時成時乘六龍以御天

大明者、默契也。終謂上爻。始謂初爻。即初辭擬之卒成之終原始要終以爲質也觀下句六位二字可見矣六位者六爻也時者六爻相雜惟其時物之時也爻有定位故曰六位六龍者潛與亢之六龍六陽也陽有變化故曰六龍乘者憑據也御者御車之御猶運用也上文言統者統治綱領統天之統如身之統四體此節言御者分治條目御天之御如心之御五官六位時成者如位在初時當爲潛位在上時當爲亢也御天者行天道也當處之時則乘潛龍當出之時則乘飛龍時當勿用聖

人則勿用。時當知悔。聖人則知悔也。乘龍御天。只是時中。乘六龍便是御天。謂之曰乘龍御天。則是聖人一身。常駕馭乎乾之六龍。而乾之六龍。常在聖人運用之中矣。學者當觀其時成時乘。聖人時中變化。行無轍迹之妙可也。然言天道而配以聖人何也。蓋天下之理。得而成位乎中。則參天地者惟聖人也。故頤卦曰聖人養賢以及萬民。咸卦曰聖人感人心而天下和平。恒卦曰聖人久于其道而天下化成。皆此意。○言聖人默契乾道。六爻終始之理。見六爻之位。各有攸當。皆以時自然而成。則六陽淺深進退之時。皆在吾運用之中矣。由是時乘六龍以行天道。則聖即天也。上一節專贊乾元。此一節則贊聖人知乾元六爻之理。而行乾元之事。則澤及于物。足以爲萬國咸寧之基本矣。乃聖人之元亨也。

乾道變化。各正性命。保合太和。乃利貞。

變者化之漸。化者變之成。各者各自也。即一物原來有一身。各有族類。不混淆也。正者。不偏也。言萬物受質各得其宜即一身還有一乾坤不相倚附妨害也物所受爲性天所賦爲命保者常存而不虧合者翕聚而不散太和陰陽會合冲和之氣也各正者各正于萬物向實之初保合者保合于萬物向實之後就各正言則曰性命性命雖以理言而不離乎氣就保合言則曰太和太和雖以氣言而不離乎理其實非有二也○言乾道變化不窮固品物流形矣至秋則物皆向實各正其所受所賦之性命至冬則保全其太和生意隨在飽足無

少缺欠。凡資始于元。流形于亨者。至此告其終。歛其迹矣。雖萬物之利貞。實乾道之利貞也。故曰乃利貞。

首出庶物萬國咸寧

乘龍御天。乃聖人王道之始。爲天下開太平。至此則惟端拱首出于萬民之上。如乾道變化。無所作爲。而萬國咸寧。亦如物之各正保合也。乘龍御天之化。至此成其功矣。此則聖人之利貞也。咸寧之寧。即各正保合也。其文武成康之時乎。漢文帝亦近之。如不能各正保合。則紛紜煩擾矣。豈得寧。

象曰天行健君子以自彊不息

象者、伏羲卦之上下兩象。周公六爻所繫辭之象也。卽象辭之下。卽以象曰起之是也。天行者、天之運行。一日一周也。健者、運而不息也。其不息者。以陽之性至健。所以不息也。以者、用也。有所因而用之之辭。卽箕子以之之以也。體易而用之。乃孔子示萬世學者用易之方也。自彊者。一念一事莫非天德之剛也。息者、間以人欲也。天理周流。人欲退聽故自彊不息若少有一毫陰柔之私以間之則息矣。彊與息反。如公與私反。自彊不息。猶云至公無私。天行健者。在天之乾也。自彊不息者。在我之乾也。上句以卦言。下句以人事言。諸卦倣此。

潛龍勿用陽在下也

陽在下者。陽爻居于下也。陽故稱龍。在下故勿用。此以下舉周公所繫六爻之辭而釋之。乾初曰陽在下。坤初曰陰始凝。扶陽抑陰之意見矣。

見龍在田德施普也

德即剛健中正之德。出潛離隱。則君德已著。周遍
于物。故曰德施普。施字如程傳作去聲。
終日乾乾反復道也
反復猶往來。言君子之所以朝夕兢惕。汲汲皇皇。
往來而不已者。無非此道而已。動循天理。所以處
危地而無咎。道外無德。故二爻言德。
或躍在淵進无咎也
量可而進。適其時。則无咎。故孔子加一進字以斷
之。

飛龍在天大人造也

造作也。言作而在上也。非制作之作。大人龍也。飛在天作而在上也。大人釋龍字。造釋飛字。此止言飛龍在天。下同聲相應一節。則言利見大人。上治一節。方言大人之事。乃位乎天德一節。則見其非無德而據尊位。四意自別。

亢龍有悔盈不可久也

此陰陽盈虛一定之理。盈即亢。不可久。致悔之由。

用九天德不可爲首也

天德二字即乾道二字。首頭也。即見羣龍無首之首也。言周公爻辭用九見羣龍无首吉者何也。以天德不可爲首而見其首也。蓋陽剛之極。亢則有悔。故用其九者。剛而能柔。有羣龍無首之象則吉矣。天行以下。先儒謂之大象。潛龍以下。先儒謂之小象。後倣此。

文言曰元者善之長也。亨者嘉之會也。利者義之和也。貞者事之幹也。長丁丈反下長人同

孔子於彖象既作之後。猶以爲未盡其蘊也。故又

設文言以明之文言者依文以言其理亦有文之
言辭也乾道所包者廣有在天之元亨利貞有聖
人之元亨利貞有在人所具之元亨利貞此則就
人所具而言也元大也始也即在人之仁也仁義
禮智皆善也但仁則善端初發義禮智皆所從出
故爲善之長亨者自理之顯著亨通而言即在人
之禮也嘉美會聚三千三百左準繩右規矩乃嘉
美之會聚也利有二義以人心言之義爲天理利
爲人欲此以利欲而言也以天理言之義者利之

理和者義之宜以合宜而言也故利即吾性之義義安處即是利也如上下彼此各得其當然之分不相乖戾此利也乃義之和也貞有三意知也正也固也如孟子所謂知斯二者弗去是也知者知之意也惟知事親從兄正之意也弗去固之意也故貞即吾性之智幹者莖幹也木之身也其義意則能事也如木之身而枝葉所依以立也築墻兩旁木制板者爲榦从木此字則从干元就其理之發端而言亨就其理之聚會而言利就其理之各

歸分願而言貞就其理之確實而言名雖有四其實一理而已皆天下之至公而無一毫人欲之私者也此四句說天德之自然下體仁四句說人事之當然

君子體仁足以長人嘉會足以合禮利物足以和義貞固足以幹事

體者所存所發無不在于仁一身皆是仁也能體其仁則欲立欲達無所往而莫非其愛自足以長人矣長者克君克長之長蓋仁者宜在高位也既

足以長人。則善之長在我矣。下三句倣此。嘉會者

嘉美其會。聚于一身也。禮之方行。升降上下。進退

屈伸。辭讓授受。往來酬酢。未有單行獨坐而可以

行禮者。此之謂會。然其聚會必至善。恰好皆天理

人情自然之至。而無不嘉美焉。此之謂嘉。嘉美會

聚于一身。則動容周旋。無不中禮。自有以合乎天

理之節文。人事之儀則矣。蓋此理在日用間隨處

充足。無少欠缺。禮儀三百。威儀三千。無一事而非

仁。若少有一毫欠缺。非美會矣。安能合禮。不相妨

害之謂利。利則必和。無所乖戾之謂和。和則必利。蓋義公天下之利。本有自然之和也。物者、義之體。義者、物之用。乃處物得宜之謂也。物雖萬有不齊。然各有自然之定理。故能處物得宜而不相妨害。則上下尊卑之間。自恩義洽浹。無所乖戾。而義無不和矣。固者、堅固不搖。乃貞之恒久功夫也。蓋事有未正。必欲其正。事之既正。必守其正。此貞固二字之義也。貞而又固。故足以幹事。幹者、事之幹也。賴之爲依據也。亦猶木有幹而枝葉可依也。凡事

或不能貞或貞而不固皆知不能及之是以不能擇而守之故非至靈至明是非確然不可移易者決不能貞固所以貞固爲智之事

君子行此四德者故曰乾元亨利貞

故曰古語也行此四德即體仁嘉會利物貞固也行此四德則與乾元合其德矣故曰乾元亨利貞所以明君子即乾也

初九曰潛龍勿用何謂也子曰龍德而隱者也不易乎世不成乎名遯世无悶不見是而无悶樂則行之

憂則違之確乎其不可拔潛龍也

初九曰潛龍勿用何謂也。此文章問答之祖也。後儒如屈原漁父見而問之。楊雄法言用或問皆祖于此。聖人神明不測。故曰龍德。隱在下位也。易移也。不易乎世者。邪世不能亂。不爲世所移。而能拔於流俗風靡之中也。不成乎名者。務實不務名。有一才一藝之長。不求知于世。以成就我之名也。遯世無悶者。不見用于世而不悶也。不見是而無悶者。不見信于人而不悶也。事有快樂于心者。則奮然而行之。忘食忘憂之類是也。事有拂逆于心者。則順適而背之。伐木絕糧之類是也。違者背也。言不以拂逆為事。皆置之度外而背之。背後不見之意。如困于陳蔡猶援琴而歌是也。蓋不易乎世而不為世所用。不成乎名而不為世所取。則必遯世而不見信于人矣。而聖人皆無悶焉。是以日用之間。莫非此道之游衍。凡一切禍福毀譽如太虛浮雲。皆處之泰然。無意必固我之私。此所以樂則行。憂則違。憂樂皆無與于己。而安于所遇矣。非龍德何以有此拔者擢也舉而用之也不可拔即勿用也言堅確不可舉用也蓋不易乎世六句龍德也確乎不可拔而隱也龍德而隱此所以爲潛龍也乾卦六爻文言皆以聖人明之有隱顯無淺深

九二曰見龍在田利見大人何謂也子曰龍德而正中者也庸言之信庸行之謹閑邪存其誠善世而不伐德博而化易曰見龍在田利見大人君德也

正中者以下卦言初居下三居上二正當其中也庸常也邪自外入故防閑之誠自我有故存主之

庸言必信者。無一言之不信也。庸行必謹者。無一行之不謹也。庸言庸行亦信亦謹。宜無事于閑邪矣。而猶閑邪存誠。閑邪存其誠者。無一念之不誠也。念念皆誠。則發之言行愈信謹矣。如此則其德已盛。善蓋一世矣。然心不自滿。不自以爲善。其信謹閑邪存誠。猶夫其初也。皆純一不已之功也。德博而化者。言行爲人所取法也。言君德者。明其非君位也。

九三曰。君子終日乾乾。夕惕若厲。无咎。何謂也。子曰君子進德修業忠信所以進德也修辭立其誠所以居業也知至至之可與幾也知終終之可與存義也是故居上位而不驕在下位而不憂故乾乾因其時而惕雖危无咎矣

幾與義非二事。幾者、心之初動也。當欲忠信修辭立誠之初心之萌動、必有其幾。幾微之際。乃義之發源處也。義者、事之得宜也。方忠信修辭立誠之後。事之成就。必見乎義。允蹈之宜。乃幾之結果處也。與者、許也。可與幾者。幾有善惡。許其幾之如此方不差也。存者、守而不失也。三爻變則中爻爲巽。有進象。又爲兌。有言辭象。又爲離明。有知象。以三畫卦論。三居上。居上位象。以六畫卦論。三居下。在下位象。○君子終日乾乾夕惕若者。非無事而徒勤也。勤于進德修業也。然以何者爲德業。德業何以用功。蓋德者、即貞實之理。誠之涵于心者也。人不忠信。則此心不實。安能進德。惟忠信而内無一念之不實。則心不外馳。而有以復還其貞實之理。所進之德。自日新而不窮矣。故所以進德業者。即貞實之事。誠之發于事者也。言不顧行。則事皆虛僞。安能居業。惟修省其辭。以立誠。而外無一言之不實。則言行相顧。有以允蹈其貞實之事。所居之業。自居安而不遷矣。故所以居業。夫德業之進修固在于忠信修辭立誠矣。然其入門用功當何如哉。亦知行並進而已。蓋其始也。知德業之所當至。此心必有其幾。當幾之初。下此實心。而必欲其至。之知至卽至之。則念念不差。意可得而誠矣。幾動不差。此其所以可與幾也。其終也。知德業之所當終。

此事必有其義○見義之時○行此實事而必欲其終○知終即終之○則事事皆當○身可得而修矣○義守不失矣○此其所以可與存義也○如此用功○則反身而誠○德崇而業廣矣○又焉往而不宜哉○故以之居上高而不驕○以之在下卑而不戚○雖危无咎矣○此君子所以終日乾乾也○

九四曰或躍在淵无咎何謂也子曰上下无常非爲邪也進退无恒非離羣也君子進德修業欲及時也故无咎

在田者安于下。在天者安于上。有常者也。進而爲飛。退而爲見。有恒者也。恒即常字。九四之位。逼九五矣。以上進爲常。則覬覦而心邪。今或躍或處。上下無常。而非爲邪也。以下退爲常。則離羣而德孤。今去就從宜。進退無常。而非離羣也。惟及時以進修。而不干時以行險。此其所以无咎也。上進釋躍字義。下退釋淵字義。无常无恒釋或字義。非爲邪非離羣。釋无咎義。

九五曰。飛龍在天。利見大人。何謂也。子曰。同聲相應

同氣相求水流濕火就燥雲從龍風從虎聖人作而萬物覩本乎天者親上本乎地者親下則各從其類也

同聲相應。如鶴鳴而子和。雄鳴而雌應之類是也。同氣相求。如日火之精而取火于日。月水之精而取。水于月之類是也。濕者下地。故水之流趨之。燥者乾物。故火之然就之。雲水氣也。龍興則雲生。故雲從龍。風陰氣也。虎嘯則風烈。故風從虎。然此特一物親一物也。惟聖人以聖人之德。居天子之位。

則三才之主而萬物之天地矣是以天下萬民莫不瞻仰其德而快覩其光所謂首出庶物萬國咸寧而萬物皆親矣蓋不特一物之親而已也所以然者以天地陰陽之理皆各從其類也如天在上輕清者也凡本乎天日月星辰輕清成象者皆親之地在下重濁者也凡本乎地蟲獸草木重濁成形者皆親之蓋天屬陽輕清者屬陽故從其陽之類地屬陰重濁者屬陰故從其陰之類陽從其陽故君子與君子同類而相親陰從其陰故小人與

小人同類而相親然則以九五之德位。豈不利見同類之大人。所以利見者以此。

上九曰亢龍有悔何謂也子曰貴而无位高而无民賢人在下位而无輔是以動而有悔也

六龍之首故曰高貴。非君非臣。故曰無位。純陽無陰。故曰無民。五居九五之位。又有快覩之民。九四以下龍德之賢。皆相從。九五以輔相矣。是以上九非不貴也。貴宜乎有位而無位。非不高也。高宜乎有民而無民。非不有賢人也。賢人宜輔而莫爲之

輔無位無民無輔則離羣孤立如是而動其誰我

與有悔必矣此第二節申象傳之意

潛龍勿用下也

言在下位也

見龍在田時舍也舍去聲

舍止息也出潛離隱而止息于田也

終日乾乾行事也

非空憂惕乃行所當行之事也即進德修業也

或躍在淵自試也

試可乃已之試。非試其德。試其時也。非自試則必妄動矣。

飛龍在天。上治也。

居上以治下。

亢龍有悔。窮之災也。

窮者亢。災者悔。

乾元用九。天下治也。

用九見羣龍无首吉。此周公教占者當如此也。孔子此則專以人君言。元者仁也。即體仁以長人也。

言人君體乾之元用乾之九至誠惻怛之愛常流行于剛果嚴肅之中則張弛有則寬猛得宜不剛不柔敷政優優而天下治矣此第三節再申前意
潛龍勿用陽氣潛藏
陽在下也以爻言潛龍勿用下也以位言此則以氣言言陽氣潛藏正陰氣極盛之時天地閉賢人隱所以勿用此以下又聖人歌詠乾道之意觀其句皆四字有音韻可知矣
見龍在田天下文明

雖在下位。然天下已被其德化。而成文明之俗矣。因此爻變離。故以文明言之。

終日乾乾與時偕行

天之健終日不息。九三之進修亦與之偕行而不息。故曰與時偕行。

或躍在淵乾道乃革

革者。離下內卦之位。升上外卦之位也。

飛龍在天乃位乎天德

天德卽天位。有是天德而居是天位。故曰乃位乎天德。若無德以居之者。可謂之天位。不可謂之天德之位也。惟聖人在天子之位。斯可言乃位乎天德也。

亢龍有悔與時偕極

當亢極而我不能變通。亦與時運俱極。所以有悔。

乾元用九乃見天則

龍之爲物。春分而升于天。秋分而蟄于淵。曰亢龍者。言秋分亢舉于上而不能蟄也。以春夏秋冬配四德。元者春也。利者秋也。亢龍在此秋之時矣。天之爲天不過生殺而已。春既生矣。至秋又殺。秋既殺矣。至春又生。此天道一定自然之法則也。今爲人君者。體春生之元。而用之于秋殺之亢。則是陰慘之後。繼之以陽舒。肅殺之餘。繼之以生育。一張一弛。一剛一柔。不惟天下可治。而天道之法則亦于此而見矣。故曰乃見天則。此四節又申前意。

乾元者始而亨者也利貞者性情也乾始能以美利利天下不言所利大矣哉

始而亨者。言物方資始之時。已亨通矣。蓋出乎震。

則必齊乎巽見乎離勢之必然也若不亨通則生意必息品物不能流形矣是始者元也亨之者亦元也性者百物具足之理情者百物出入之機春作夏長百物皆有性情非必利貞而後見但此時生意未足實理未完百物尚共同一性情至秋冬則百穀草木各正性命保合太和一物各具一性情是收斂歸藏乃見性情之的確故利貞者即乾元之性情也則利貞之未始不爲元也乾始者即乾元者始而亨之始也以美利利天下者元能始

物。能使庶物生成。無物不嘉美。亦無物不利賴也。不言所利者。自成其形。自成其性。泯機緘于不露。莫知其所以然也。大哉贊乾元也○孔子于文言旣分元亨利貞爲四德矣。此又合而爲一也。言乾之元者。始而卽亨者也。利貞者。則元之性情耳。然何以知其元始卽亨。利貞卽元之性情也。惟自其乾元之所能者。則可見矣。蓋百物生于春。非亨利貞之所能也。惟元爲生物之始。以美利利天下者。則乾元之能也。夫以美利利天下。其所能之德業亦盛大矣。使造化可以言焉。則曰此某之美利也。庶乎可以各歸功于四德矣。今不言所利。人不得而測之。既不可得而測。則是四德渾然一理。不可分而言也。元本爲四德之長。故謂亨乃元之始亨可也。謂利貞乃元之性情可也。所以謂乾元始而亨利貞性情者。以此乾元之道不其大哉。四德本一理。孔子贊易。或分而言之以盡其用。或合而言之以著其體。其實一理而已。所以可分可合也。

大哉乾乎剛健中正純粹精也六爻發揮旁通情也

時乘六龍以御天也雲行雨施天下平也
剛以體言健以性言中者無過不及也正者不偏
也此四者乾之德也純者純陽而不雜以陰也粹
者不雜而良美也精者不雜之極至也總言乾德
剛健中正之至極所謂純粹精者非出于剛健中
正之外也但乾德之妙非一言所能盡故于剛健
中正之外復以純粹精贊之情者事物至賾至動
之情也發揮者每一畫有一爻辭以發揮之也旁
通者曲盡也如初之潛以至上之亢凡事有萬殊

物有萬類。時有萬變。皆該括曲盡其情而無遺也。前品物流形。乃乾之雲行雨施。此言雲行雨施。乃聖人乘六龍而御天之功。德澤流行敷布。所以天下平也。○言乾道剛健中正。純粹以精。乾道固大矣。惟聖人立六爻以通乎乾之情。乘六龍以行乎乾之道。雲行雨施。以沛乎乾之澤。以至天下太平。則乾道之大。不在乾而在聖人矣。此第五節復申首章之意。

君子以成德爲行日可見之行也潛之爲言也隱而

未見行而未成是以君子弗用也

德者時之本。行者德之用。蓋有有其德而不見諸行者。未有有其行而不本諸德者。故曰君子以成德爲行。成德者、已成之德也。曰可見者猶言指日可待之意。此二句泛論其理也。潛者、周公爻辭也。未見者、天地閉。賢人隱。阨於潛之機會而未見也。未成者、因其阨而事業未成就也。如伊尹耕于有莘之時是也。○君子以已成之德。舉而措之于行。則其事業之所就。指日可見矣。初九其德已成。則日可見之行也。而占者乃曰勿用何也。蓋聖人出世必有德有時。人之所能者德。所不能者時。今初九雖德已成。然時當乎潛也。潛之爲言也。隱而未見也。惟其隱而未見。故行而未成。時位阨之也。是以占者之君子。亦當如之而勿用也。

君子學以聚之。問以辨之。寬以居之。仁以行之。易曰見龍在田利見大人。君德也。

之者。正中之理也。龍德正中。雖以爻言。然聖人之德。不過此至正大中而已。蓋乾道剛健中正。民受天地之中以生。惟中庸不可能。苟非學聚問辨。有此致知功夫。寬居仁行。有此力行功夫。安能體此龍德之正中哉。聚者多聞多見。以我會聚此正中之理也。辨者、講學也。親師取友。辨其理之精粗本末得失、是非。擇其正中之善者而從之。即講學以耨之也。寬者、優游厭飫。勿忘勿助。俾所聚所辨此理之畜於我者。融會貫通。渣滓渾化。無强探力索。凌節欲速之患也。蓋寬字以久遠言。有從容不迫之意。非專指包含也。居者、守也。據也。仁以行之者。

無適而莫非天理正中之公。而無一毫意必固我之私也。若辨者。辨其所聚。居者居其所辨。行者行其所居。故必寬以居之。而後方可仁以行之。若學聚問辨之餘。涵養未久。粗心浮氣。而驟欲見之于實踐。則居之不安。資之不深。安能左右逢原。而太公以順應哉。此爲學一定之序也。有是四者。宜乎正中之德博而化矣。曰君德者。即前九二之君德也。

九三重剛而不中。上不在天。下不在田。故乾乾因其

時而惕雖危无咎矣

三居下卦之上。四居上卦之下。交接處以剛接剛。故曰重剛。非陽爻居陽位也。所以九四居陰位者。亦曰重剛。位非二五。故曰不中。即下文上不在天下不在田也。九三以時言。九四以位言。故曰乾乾因其時。○九三重剛不中。上不在天。下不在田。宜有咎矣。而乃无咎何哉。蓋旣重剛又不中。剛之極矣。以時論之。蓋危懼之時也。故九三因其時而兢惕不已。則德日進。業日修。所以雖處危地。亦無咎

象

九四重剛而不中上不在天下不在田中不在人故或之或之者疑之也故无咎

在人謂三也四三雖皆人位然四則居人之上而近君矣非三之不近君故曰不在人重剛不中之中二五之中也中不在人之中六爻中間之中也

○九四重剛不中上不在天下不在田中不在人宜有咎矣而乃无咎何哉蓋九四之位不在天不在田雖與九三同而人位則不如九三之居下卦

也。所居之位獨近九五。蓋或之之位也。故或之。或之者疑之也。惟其疑。必審時而進矣。所以无咎也。

夫大人者與天地合其德與日月合其明與四時合其序與鬼神合其吉凶先天而天弗違後天而奉天時天且弗違而况於人乎况於鬼神乎　夫音扶

合德以下。總言大人所具之德。皆天理之公。而無一毫人欲之私。若少有一毫人欲之私。即不合矣。天地者造化之主。日月者造化之精。四時者造化之功。鬼神者造化之靈。覆載無私之謂德。照臨無私之謂明。生息無私之謂序。禍福無私之謂吉凶。合序者。如賞以春夏。罰以秋冬之類也。合吉凶者。福善禍淫也。先天不違。如禮雖先王所未有。以義起之。凡制耒耜作書契之類。雖天之所未爲。而吾意之所爲。默與道契。天亦不能違乎我。是天合大人也。奉天時者。奉天理也。後天奉天時。謂如天敘有典而我惇之。天秩有理而我庸之之類。雖天之所已爲。我知理之如是。奉而行之。而我亦不能違乎天。是大人合天也。蓋以理爲主。天即我。我即天。

故無後先彼此之可言矣。天且不違于大人。而況
于人。乃得天地之理以生。鬼神不過天地之功用。
雖欲違乎大人。自不能違乎天矣。乾之九五。以剛
健中正之德。與此大人相合。所以宜利見之。以其
同德相應也。

亢之爲言也知進而不知退知存而不知亡知得而
不知喪其唯聖人乎知進退存亡而不失其正者其
唯聖人乎

進退者身。存亡者位。得喪者物。消長之理。知之旣

明。不失其正。處之又當。故唯聖人能之。再言其唯聖人。始若設問而卒自應之。見非聖人不能也。初九隱而未見二句。釋一潛字。而言君子者再。蓋必君子而後能安于潛也。上九亢之為言三句。釋一亢字。而言聖人者再。蓋唯聖人而後能不至于亢也。此第六節復申前數節未盡之意。

䷁ 坤下 坤上

坤元亨利牝馬之貞君子有攸往先迷後得主句利句西南得朋東北喪朋安貞吉

偶者陰之數也。坤者順也。陰之性也。六畫皆偶。則純陰而順之至矣。故不言地而言坤。馬象乾。牝馬取其爲乾之配。牝馬屬陰。柔順而從陽者也。馬能行。順而健者也。非順外有健也。其健亦是順之健也。坤利牝馬之貞。與乾不同者何也。蓋乾以剛固爲貞。坤以柔順爲貞。言如牝馬之順而不息。則正矣。牝馬地類。安得同乾之貞。此占辭也。與乾卦元亨利貞同。但坤則貞利牝馬耳。程子泥于四德。所以將利字作句。迷者、如迷失其道路也。坤爲地。故曰迷。言占者君子先乾而行則失其主而迷錯。後乾而行。則得其主而利矣。蓋造化之理。陰從陽以生物。待唱而和者也。君爲臣主。夫爲妻主。後乾即得所主矣。利孰大焉。其理本如此。觀文言後得主而有常。此句可見矣。西南東北。以文王圓圖卦位言。陽氣始于東北而盛于東南。陰氣始于西南而盛于西北。西南乃坤之本鄉。兌離巽三女同坤居之。故爲得朋。震坎艮三男同乾居東北。則非女之朋矣。故喪朋。陰從其陽。謂之正。惟喪其三女之朋。

從乎其陽。則有生育之功。是能安于正也。安于其正故吉。

彖曰至哉坤元萬物資生乃順承天

至者、極也。天包乎地。故以大贊其天。而地止以至贊之。蓋言地之至則與天同。而大則不及乎天也。元者、四德之元。非乾有元而坤復又有一元也。乾以施之。坤則受之。交接之間。一氣而已。始者氣之始。生者形之始。萬物之形皆生于地。然非地之自能爲也。天所施之氣至則生矣。故曰乃順承天。乾健故一而施。坤順故兩而承。此釋卦辭之元。

坤厚載物，德合无疆，含弘光大，品物咸亨。

坤厚載物以德言，非以形言。德者，載物厚德含弘光大是也。無疆者，乾也。含者，包容也。弘則是其所含者無物不有，以蘊畜而言也，其靜也翕，故曰含弘。光者，昭明也。大則是其所光者無遠不屆，以宣著而言也，其動也闢，故曰光大。言光大而必曰含弘者，不翕聚則不能發散也。咸亨者，齊乎巽，相見乎離之時也。此釋卦辭之亨。

牝馬地類行地无疆柔順利貞

地屬陰。牝陰物。故曰地類。又行地之物也。行地無疆。則順而不息矣。此則柔順所利之貞也。故利牝馬之貞。此釋卦辭牝馬之貞。

君子攸行先迷失道後順得常西南得朋乃與類行東北喪朋乃終有慶安貞之吉應地无疆

君子攸行。即文王卦辭君子有攸往。言占者君子有所往也。失道者、失其坤順之道也。坤道主成。成在後。若先乾而動。則迷而失道。得常者、得其坤順之常惟後乾而動則順而得常〇夫惟坤貞利在柔順是以君子有所往也先則迷後則得西南雖得朋不過與巽離兌三女同類而行耳未足以爲慶也若喪乎三女之朋能從乎陽則有生物之功矣終必有慶也何也蓋柔順從陽者乃坤道之安于其正也能安于其正則陽施陰受生物無疆應乎地之無疆矣所以乃終有慶也此釋卦辭君子有攸往至安貞吉

象曰地勢坤君子以厚德載物

西北高東南低順流而下地之勢本坤順者也故曰地勢坤且天地間持重載物其勢力無有厚於地者故下文曰厚天以氣運故曰天行地以形載故曰地勢厚德載物者以深厚之德容載庶物也若以厚德載物體之身心豈有他道哉惟體吾長人之仁也使一人得其願推而人人各得其願和吾利物之義也使一事得其宜推而事事各得其宜則我之德厚而物無不載矣此則孔子未發之意也

初六履霜堅冰至

六詳見乾卦初九霜一陰之象冰六陰之象方履霜而知堅冰至者見占者防微杜漸圖之不可不早也易爲君子謀乾言勿用即復卦閉關之義欲君子之難進也坤言堅冰即姤卦女壯之戒防小人之易長也

象曰履霜堅冰陰始凝也馴致其道至堅冰也

易舉正履霜之下無堅冰二字陰始凝而爲霜漸盛必至于堅冰小人雖微長則漸至于盛馴者擾

也順習也道道者小人道長之道也卽上六其道窮也之道馴習因循漸致其陰道之盛理勢之必然也

六二直方大不習无不利

直字卽坤至柔而動也剛之剛也方字卽至靜而德方之方也大字卽含弘光大之大也孔子象辭文言小象皆本于此前後之言皆可相証以本爻論六二得坤道之正則無私曲故直居坤之中則無偏黨故方直者在內所存之柔順中正也方者

在外所處之柔順中正也。惟柔順中正在内則爲直。在外則爲方。内而直。外而方。此其所以大也。不操而直。不矩而方。不恢而大。此其所以不習也。若以人事論。直者内而天理爲之主宰。無邪曲也。方者外而天理爲之裁制。無偏倚也。大者無一念之不直。無一事之不方也。不習無不利者。直者自直。方者自方。大者自大。不思不勉。而中道也。利者利有攸往之利。言不待學習而自然直方大也。蓋八卦正位。乾在五。坤在二。皆聖人也。故乾剛健中正。

則飛龍在天。坤柔順中正。則不習無不利。占者有是德。方應是占矣。

象曰六二之動直以方也不習无不利地道光也

以字卽而字。言直方之德。惟動可見。故曰坤至柔而動也剛。此則承天而動。生物之機也。若以人事論。心之動直而無私。事之動方而當理是也。地道光者。六二之柔順中正。卽地道也。地道柔順中正。光之所發者。自然而然。不俟勉強。故曰不習无不利。光卽含弘光大之光。

六三含章可貞或從王事无成有終

坤爲吝嗇含之象也剛柔相雜曰文文之成者曰章陽位而以陰居之又坤爲文章之象也三居下卦之終終之象也或者不敢自決之辭從者不敢造始之意○三居下卦之上有位者也其道當含晦其章美有美則歸之于君乃可常久而得正或從上之事不敢當其成功惟奉職以終其事而已爻有此象故戒占者如此

象曰含章可貞以時發也或從王事知光大也知平聲

以時發者。言非終于韜晦含藏不出而有所爲也。或從王事帶下一句說。孔子小象多是如此。知光大者。正指其无成有終也。蓋含弘光大。无成而代有終者。地道也。地道與臣道相同。六三或從王事。无成有終者。蓋知地道之光大。當如是也。

六四括囊无咎无譽

坤爲囊。陰虛能受。囊之象也。括者、結囊口也。四變而奇。居下卦之上。結囊上口之象也。四近乎君。居多懼之地。不可妄咎妄譽。戒其作威福也。蓋譽則有逼上之嫌咎則有敗事之累惟晦藏其智如結囊口則不害矣○六四柔順得正蓋慎密不出者也故有括囊之象无咎之道也然既不出則亦無由稱贊其美矣故其占如此

象曰括囊无咎慎不害也

括囊者慎也无咎者不害也

六五黃裳元吉

坤爲黃爲裳黃裳之象也黃中色言其中也裳下飾言其順也黃字從五字來裳字從六字來○六

五以陰居尊。中順之德。充諸内而見諸外。故有是象。而其占則元吉也。剛自有剛德。柔自有柔德。本義是。

象曰黄裳元吉文在中也

坤爲文。文也。居五之中。在中也。文在中。言居坤之中也。所以黄裳元吉。

上六龍戰于野其血玄黄

六陽爲龍。坤之錯也。故陰陽皆可以言龍。且變艮綜震。亦龍之象也。變艮爲剝。陰陽相剝。戰之象也。

戰于卦外野之象也血者龍之血也堅冰至者所以防龍戰之禍于其始龍戰野者所以著堅冰之至于其終○上六陰盛之極其道窮矣窮則其勢必爭至與陽戰兩敗俱傷故有此象凶可知矣

象曰龍戰于野其道窮也

極則必窮理勢之必然也

用六利永貞

用六與用九同此則以上六龍戰于野言之陰極則變陽矣但陰柔恐不能固守既變之後惟長永

貞而不爲陰私所用。則亦如乾之無不利矣。

象曰用六永貞以大終也

此爻其占變也。陽大陰小。大者陽明之公。君子之道也。小者陰濁之私。小人之道也。今始陰濁而終陽明。始小人而終君子。何大如之。故曰以大終也。

文言曰坤至柔而動也剛至靜而德方後得主而有常含萬物而化光坤道其順乎承天而時行

動者、生物所動之機。德者、生物所得之質。乾剛坤柔定體也。坤固至柔矣。然乾之施一至。坤即能翕受而敷施之。其生物之機。不可止遏屈撓。此又柔中之剛矣。乾動坤靜。定體也。坤固至靜矣。及其承乾之施。陶鎔萬類。各有定形。不可移易。有息者不可變爲草木。無息者不可變爲昆蟲。此又靜中之方矣。柔無爲矣。而剛則能動。靜無形矣。而方則有體。柔靜者。順也。體也。剛方者。健也。用也。後得主而有常者。後乎乾。則得乾爲主。乃坤道之常也。含萬物而化光者。靜翕之時。含萬物生意于其中。及其動闢。則化生萬物而有光顯也。坤道其順乎。此句乃贊之也。坤之于乾。猶臣妾之與夫君。亦惟聽命而已。一施一受。不敢先時而趨。亦不敢後時而不應。此所以贊其順也。此以上申象傳之意。

積善之家必有餘慶。積不善之家必有餘殃。臣弑其君。子弑其父。非一朝一夕之故。其所由來者漸矣。由辯之不早辯也。易曰履霜堅冰至。蓋言順也

天下之事。未有不由積而成。家之所積者善。則福慶及于子孫。所積者不善。則災殃及于後世。其大至于弑逆之禍。皆積累而至。非朝夕所能成也。由

來者漸。言臣子也。辨之不早。責君父也。辨。察也。在下者不可不察之于己。在上者不可不察之于人。察之早。勿使之漸。則禍不作矣。順字即馴字。馴者順也。即馴致其道也。言順習因循以至于堅冰也。前言馴致其道。此言蓋言順也。皆一意也。程傳是。

直其正也。方其義也。君子敬以直內。義以方外。敬義立而德不孤。直方大不習无不利。則不疑其所行也。

直者何也。言此心無邪曲之私。從繩墨而正之之謂也。方者何也。言此事無差謬之失。得裁制而宜之之謂也。此六二直方之所由名也。下則言求直方之功。人心惟有私所以不直。如知其敬乃吾性之禮。存諸心者。以此敬爲之操持。必使此心廓然太公。而無一毫人欲之私。則不期直而自直矣。人事惟有私所以不方。如知其義乃吾性之義。見諸事者。以此義爲之裁制。必使此事物來順應。而無一毫人欲之私。則不期方而自方矣。德之偏者謂之孤。孤則不大。不孤則大矣。蓋敬之至者外必方。外不方不足謂之敬。不足謂敬。是德之孤也。義之至者內必直內不直不足謂之義不足謂義是德之孤也今既有敬以涵義之體又有義以達敬之用則內外夾持表裏互養日用之間莫非天理之流行德自充滿盛大而不孤矣何大如之內而念念皆天理則內不疑外而事事皆天理則外不疑內外坦然而無疑則暢于四支不言而喻發于事業無所處而不當何利如之此所以不習无不利也乾言進修坤言敬義學聖人者由于進修欲進修者先于敬義乾坤二卦備矣

陰雖有美含之或從王事弗敢成也地道也妻道也臣道也地道无成而代有終也

陰雖有美含之。可以時發而從王事矣。或從王事。不敢有其成者。非其才有所不足。不能成也。乃其分之之不敢成也。何也。法象莫大于天地。三綱莫重于夫妻君臣。天統乎地。夫統乎妻。君統乎臣。皆尊者唱而卑者和之。故地道也。妻道也。臣道也。皆不敢先自主也。皆如地之無成。惟代天之終耳。蓋天能始物。不能終物。地繼其後而終之。則地之所

以有終者。終天之所未終也。地不敢專其成而有其終。故曰无成而代有終也。六三爲臣。故當如此

天地變化草木蕃天地閉賢人隱易曰括囊无咎无譽蓋言謹也

天地變化二句。乃引下文之辭。言天地變化。世道開泰。則草木之無知者且蕃茂。況于人乎。則賢人之必出而不隱可知矣。若天地閉。則賢人必斂德以避難。此其所以隱也。坤本陰卦。四六重陰。又不中。則陰之極矣。正天地閉塞。有陰而無陽。不能變

化之時也。故當謹守不出者以此。

君子黃中通理正位居體美在其中而暢於四支發於事業美之至也

黃者中德也。中者內也。黃中者、中德之在內也。通者豁然脈絡之貫通。無一毫私欲之滯塞也。理者、井然文章之條理。無一毫私欲之混淆也。本爻既變坎為通。通之象也。本爻未變坤為文。理之象也。故六五小象曰文在中。德之在內者通而且理。爻之言黃者以此。正位居尊位也。體者、乾坤之定體也。乾陽乃上體，坤陰乃下體。言雖在尊位而居下體，故不曰衣而曰裳。爻之所以言裳者以此。以人事論，有居尊位而能謙下之意。此二句盡黃裳之義矣。又嘆而贊之，以見元吉之故。言黃中美在其中，豈徒美哉。美既在中，則暢于四支，爲日新之德，四體不言而喻者，此美也；發于事業，爲富有之業，天下國家無所處而不當者，此美也。不其美之至乎。爻之所以不止言吉而言元吉者以此。

陰疑於陽必戰，爲其嫌於无陽也，故稱龍焉。猶未離

其類也故稱血焉夫玄黃者天地之雜也天玄而地
黃爲于僞反離力智反夫音扶
疑者似也似其與已均敵無大小之差也陰本不
可與陽戰今陰盛似敢與陽敵故以戰言陰盛已
無陽矣本不可以稱龍而不知陽不可一日無也
故周公以龍言之以存陽也雖稱爲龍猶未離陰
之類也故稱血以別其爲陰血陰物也曰其色玄
黃則天地之色雜矣而不知天玄地黃者兩間之
定分也今曰其色玄黃疑于無分別矣夫豈可哉

言陰陽皆傷也以上皆申言周公爻辭。

周易集註卷之一終

梁山來知德先生易經集註卷之二

平山後學崔華重訂　男繕岱藹齊同校

䷂ 震下坎上

屯者難也。萬物始生。鬱結未通。似有險難之意。故其字從屮。屮音徹。初生草穿地也。序卦有天地然後萬物生焉。盈天地之間者唯萬物。屯者盈也。物之始生也。天地生萬物。屯物之始生。故次乾坤之後。

屯元亨利貞勿用有攸往利建侯

乾坤始交而遇險陷。故名爲屯。所以氣始交未暢曰屯。物勾萌未舒曰屯。世多難未泰曰屯。造化人事皆相同也。震動在下。坎陷在上。險中能動。是有撥亂興衰之才者。故占者元亨。然猶在險中。則宜守正而未可遽進。故勿用有攸往。勿用者以震性多動故戒之也。然大難方殷。無君則亂。故當立君以統治。初九陽在陰下。而爲成卦之主。是能以賢下人得民而可君者也。占者必從人心之所屬望。立之爲主斯利矣。故利建侯。建侯者立君也。險難在前中爻艮止勿用攸往之象震一君二民建侯之象。

彖曰屯剛柔始交而難生動乎險中大亨貞雷雨之動滿盈天造草昧宜建侯而不寧

以二體釋卦名。又以卦德卦象釋卦辭。剛柔者乾坤也。始交者震也。一索得震。故爲乾坤始交。難生者坎也。言萬物始生即遇坎難。故名爲屯。動乎險中者。言震動之才足以奮發有爲。時當大難。能動則其險可出。故大亨。然猶在險中。時猶未易爲。必從容以謀其出險方可。故利貞。雷、震象。雨、坎象。天造者、天時使之然。如天所造作也。草者、如草不齊。震爲蕃。草之象也。昧者、如天未明。坎爲月。天尚未明。昧之象也。坎水內景、不明于外。亦昧之象也。雷雨交作。雜亂晦冥。充塞盈滿于兩間。天下大亂之象也。當此之時。以天下則未定。以名分則未明。正宜立君以統治。君既立矣。未可遽謂安寧之時也。必爲君者憂勤兢畏。不遑寧處。方可撥亂反正。以成靖難之功。如更始既立。日夜縱情于聲色。則非不寧者矣。此則聖人濟屯之深戒也。動而雷雨滿盈。即勿用攸往。建侯而不寧。即利建侯。然卦言勿用攸往。而彖言雷雨之動者。勿用攸往。非終不動也。審而後動也。屯之元亨利貞。非如乾之四德。故曰大亨貞。

象曰。雲雷屯。君子以經綸

彖言雷雨。象言雲雷。彖言其動。象著其體也。上坎爲雲。故曰雲雷屯。下坎爲雨。故曰雷雨解。經綸者治絲之事。草昧之時。天下正如亂絲。經以引之。綸以理之。俾大綱皆正。萬目畢舉。正君子撥亂有爲之時也。故曰君子以經綸。

初九磐桓利居貞利建侯

磐、大石也。鴻漸于磐之磐也、中爻艮、石之象也、桓、大柱也、檀弓所謂桓楹也、震陽木、桓之象也、張橫渠以磐桓猶言柱石是也。自馬融以盤旋釋磐桓。後來儒者皆如馬融之釋。其實非也。八卦正位震在初。乃爻之極善者。國家屯難。得此剛正之才。乃倚之以爲柱石者也。故曰磐桓。唐之郭子儀是也。

震爲大塗桓石在于大塗之上。震本欲動。而艮止不動。有桓石欲動不動之象。所以居貞。而又利建侯。非難進之貌也。故小象曰雖磐桓。志行正也。曰心志在于行。則欲動不動可知矣。○九當屯難之初。有此剛正大才生于其時。故有磐桓之象。然險陷在前。本爻居其正。故占者利於居正以守已。若爲民所歸。勢不可辭。則又宜建侯以從民望。救時之屯可也。居貞者利在我。建侯者利在民。故占者兩有所利。

象曰雖磐桓志行正也以貴下賤大得民也

當屯難之時。大才雖磐桓不動。然拳拳有濟屯之志。行一不義。殺一不辜。而得天下不為。既有救人之心。而又有守已之節。所以占者利居貞而守已也。蓋居而不貞則無德。行而不正則無功。周公言居貞。孔子言行正。然後濟屯之功德備矣。陽貴陰賤。以貴下賤者。一陽在二陰之下也。當屯難之時得一大才。衆所歸附。更能自處卑下。大得民矣。此占者所以又利建侯而救民也。

六二屯如邅如乘馬班如匪寇婚媾女子貞不字十年乃字邅張連反

屯邅皆不能前進之意。班與書班師、竝岳飛班師班字同、回還不進之意。震於馬爲馵足。爲作足。班如之象也。應爻爲坎。坎爲盜寇之象也。指初也。婦嫁曰婚。再嫁曰媾。婚媾指五也。變兌爲少女。女子之象也。字者許嫁也。禮女子許嫁笄而字。此女子則指六二也。貞者正也。不字者不字于初也。乃字者乃字于五也。中爻艮止。不字之象也。中爻坤土。

土數成于十。十之象也。若以人事論。光武當屯難之時。竇融割據。志在光武。爲隗囂所隔。乘馬班如也。久之終歸于漢。十年乃字也。○六二柔順中正。當屯難之時。二與五應。但乘初之剛。故爲所難。有屯邅班如之象。不得進與五合。使非初之寇難。即與五成其婚媾。不至十年之久矣。惟因初之難。六二守其中正。不肯與之苟合。所以不字至于十年之久。難久必通。乃反其常而字正應矣。故又有此象也。占者當如是則可。

象曰六二之難乘剛也十年乃字反常也

六二居屯之時而又乘剛是其患難也乘者居其上也故曰六二之難反常者二五陰陽相應理之常也爲剛所乘則乖其常矣難久必通故十年乃字而反其常

六三即鹿无虞惟入于林中君子幾不如舍往吝舍音捨

即者就也鹿當作麓爲是舊註亦有作麓者蓋此卦有麓之象故當作麓非無據也中爻艮爲山山

足曰麓。三居中爻艮之足。麓之象也。虞者、虞人也。三四爲人位。虞人之象也。入山逐獸。必有虞人發縱指示。無虞者、無正應之象也。震錯巽。巽爲入。入之象也。上艮爲木堅多節。下震爲竹。林中之象也。言就山足逐獸。無虞人指示。乃陷入于林中也。坎錯離。明見幾之象也。舍者、舍而不逐也。亦艮止之象也。〇六三陰柔不中不正。又無應與。當屯難之時。故有即麓無虞入于林中之象。君子見幾。不如舍去。若往逐而不舍。必致羞吝。其象如此。戒占者當如是也。

象曰即鹿无虞以從禽也君子舍之往吝窮也

孔子恐後學不知即鹿无虞之句。故解之曰、乃從事于禽也。則鹿當作麓也無疑矣。舍則不往。往則必吝。吝窮者羞吝窮困也。

六四乘馬班如求婚媾往吉无不利

坎爲馬。又有馬象。求者、四求之也。往者、初往之也。自内而之外曰往。如小往大來。往蹇來反是也。本爻變中爻成巽。則爲長女。震爲長男。婚媾之象也。

非真婚媾也求賢以濟難有此象也舊說陰無求陽之理可謂不知象旨者矣〇六四陰柔居近君之地當屯難之時欲進而復止故有乘馬班如之象初能得民可以有爲四乃陰陽正應未有蒙大難而不求其初者故又有求婚媾之象初于此時若欣然即往資其剛正之才以濟其屯其吉可知矣而四近其君者亦無不利也故其占又如此

象曰求而往明也

求者資濟屯之才有知人之明者也往者展濟屯

之本有自知之明者也坎錯離有明之象故曰明

九五屯其膏小貞吉大貞凶

膏者膏澤也以坎體有膏澤霑潤之象故曰膏詩陰雨膏之是其義也本卦名屯故曰屯膏陽大陰小六居二九居五皆得其正故皆稱貞小貞者臣也指二也大貞者君也指五也故六二言女子貞而此亦言貞六爻惟二五言屯○九五以陽剛中正居尊亦有德有位者但當屯之時陷于險中爲陰所掩雖有六二正應而陰柔不足以濟事且初

九得民于下。民皆歸之。無臣無民。所以有屯其膏不得施爲之象。故占者所居之位。如六二爲臣。小貞則吉。如九五爲君。大貞則凶也。

象曰屯其膏施未光也

陽德所施本光大。但陷險中。爲陰所掩。故未光。

上六乘馬班如泣血漣如

六爻皆言馬者。震坎皆爲馬也。皆言班如者。當屯難之時也。坎爲加憂。爲血卦。爲水。泣血漣如之象。也。才柔不足以濟屯。去初最遠。又無應與。故有此象。

象曰泣血漣如何可長也

既無其本又無其助。喪亡可必矣。豈能長久。

䷃ 坎下艮上

蒙昧也其卦以坎遇艮山下有險。艮止在外。坎水在內。水乃必行之物。遇山而止。內既險陷不安。外又行之不去。莫知所往。昏蒙之象也。序卦屯者物之始生也。物生必蒙。故受之以蒙。所以次屯。

蒙亨匪我求童蒙童蒙求我初筮告再三瀆瀆則不

告利貞告古毒反

蒙亨者言蒙者亨也不終于蒙也匪我求童蒙二句正理也再指四陽一陰二三再則四矣三指三瀆者煩瀆也初筮者初筮下卦得剛中也此卦坎之剛中在上卦故曰再筮告者二告乎五也不告者二不告乎三四也凡陽則明陰則暗所以九二發六五之蒙利貞者教之以正也

彖曰蒙山下有險險而止蒙蒙亨以亨行時中也匪我求童蒙童蒙求我志應也初筮告以剛中也再三

瀆瀆則不告瀆蒙也蒙以養正聖功也
以卦象卦德釋卦名。又以卦體釋卦辭。險而止。退則困于其險。進則阻于其山。兩無所適。所以名蒙也。以者用也。以亨者。以我之亨通也。時中者。當其可之謂。憤悱啟發。即志應也。言我先知先覺。先以亨通矣。而後以我之亨。行時中之教。此蒙者所以亨也。匪我求童蒙。童蒙求我。乃教人之正道也。何也。禮聞來學。不聞往教。童蒙求我。則彼之心志應乎我而相孚契矣。此其所以可教也。初筮則告者。

以剛中也。我有剛中之德。而五又以中應之。則心志應乎我而相孚契矣。所以當告之也。初筮二字只作下卦二字。指教者而言。觀比卦再筮可見矣。蓋三則應乎其上。四則隔乎其三。與剛中發蒙之二不相應與。又乘陽不敬。則心志不應乎我而不相孚契矣。既不相孚契而强告之。是徒煩瀆乎蒙矣。亦何益哉。教之利于正者。幼而學之。學爲聖人而已。聖人之所以爲聖者。正而已矣。入聖之域。雖在後日。作聖之功。就在今日。當蒙時養之以正。雖

未即至于聖聖域由此而漸入矣此其所以利貞
也發蒙即養蒙聖功乃功夫之功非功效之功
象曰山下出泉蒙君子以果行育德
泉乃必行之物始出而未通達猶物始生而未明
蒙之象也果行者體坎之剛中以果決其行見善
必遷聞義必徙不畏難而苟安也育德者體艮之
靜止以養育其德不欲速寬以居之優游以俟其
成也要之果之育之者不過蒙養之正而已是故
楊墨之行非不果也而非吾之所謂行佛老之德

非不育也。而非吾之所謂德。所以蒙養以正爲聖功。

初六發蒙利用刑人用說桎梏以往吝（說吐活反）

蒙者、下民之蒙也。非又指童蒙也。發蒙者、啟發其初之蒙也。刑人者、以人刑之也。刑罰立而後教化行。治蒙之初。故利用刑人以正其法。桎梏者、刑之具也。坎爲桎梏。桎梏之象也。在足曰桎。在手曰梏。中爻震爲足。外卦艮爲手。用桎梏之象也。因坎有桎梏。故用刑之具。即以桎梏言之。非必主于桎梏也。朴作敎刑。不過夏楚而已。本卦坎錯離。艮綜震。有噬嗑折獄用刑之象。故豐旅賁三卦有此象。皆言獄。說者脫也。用脫桎梏。即不用刑人也。變兌爲毀折。脫之象也。往者、往發其蒙也。吝者、利之反。變兌則和悅矣。和悅安能發蒙。故吝。○初在下。近比九二剛中之賢。故有啟發其蒙之象。然發蒙之初。利用刑人以正其法。庶小懲而大誡。蒙斯可發矣。若舍脫其刑人。惟和悅以往敎之。蒙豈能發哉。吝之道也。故其象占如此。細玩小象自見。

象曰利用刑人以正法也

教之法不可不正。故用刑懲戒之。使其有嚴憚也。

九二包蒙吉納婦吉子克家

包者、裹也。婦人懷姙包裹其子。即胞字也。凡易中言包者。皆外包乎內也。泰曰包荒。否曰包承。包羞。姤曰包魚。皆外包乎內。包蒙者、包容其初之象也。曰包則有含弘之量。敷教在寬矣。初曰刑者。不中不正也。上曰擊者。上過剛也。此爻剛中統治群陰。極善之爻。故于初曰包。于三四五曰納。于五曰克家。納婦吉者。新納之婦。有諧和之吉也。中爻坤順。在上。一陽在下。納受坤順之陰。納婦之象也。子克家者。能任父之事也。坎爲中男。有剛中之賢。能幹五母之蠱。子克家之象也。納婦吉字。與上吉字不同。上吉字占者之吉也。下吉字夫婦諧和之吉也。坤順故吉。○九二以陽剛爲內卦之主。統治群陰。當發蒙之任者。其德剛而得中。故有包蒙之象。占者得此固吉矣。然所謂吉者。非止于包容其初之象也。凡三四五之爲蒙者。二皆能以剛中之德化之。如新納之婦。有諧和之吉。承考之子。有克家之賢。其占其賢皆自然而然。不待勉强諄諄訓誨。于其間。如此而謂之吉也。故其占中之象又如此。

象曰子克家剛柔接也

二剛五柔。二有主蒙之功。五之信任專。所以二得廣布其敷教之才。亦如賢子不待訓誨。自然而克家也。所以占者有子克家之象。周公爻辭以剛中言。孔子象辭竝應與言。

六三勿用取女見金夫不有躬无攸利　取七具反

變巽女之象也九二陽剛乾爻也乾爲金金夫之象故稱金夫金夫者以金賂已者也六三正應在上然性本陰柔坎體順流趨下應爻艮體常止不相應于下九二爲群蒙之主得時之盛蓋近而相比在納婦之中者故捨其正應而從之此見金夫不有躬之象也且中爻順體震動三居順動之中比于其陽亦不有躬之象也若以蒙論乃自暴自棄昏迷于人欲終不可教者因三變長女故即以女象之曰勿用取无攸利皆其象也○六三陰柔

不中不正。又居艮止坎陷之中。蓋蒙昧無知之極者也。故有此象。占者遇此。如有發蒙之責者。棄而不教可也。

象曰勿用取女行不順也

婦人以順從其夫爲正。捨正應之夫而從金夫。安得爲順。

六四困蒙吝

困蒙者困于蒙昧而不能開明也。六四上下既遠隔於陽。不得賢明之人以近之。又無正應賢明者

以爲之輔助。則蒙無自而發。而困于蒙矣。故有困
蒙之象。占者如是。終于下愚。故可羞。
象曰困蒙之吝獨遠實也
陽實陰虛。實謂陽也。六四上下皆陰。蒙之甚者也。
欲從九二則隔三。欲從上九則隔五。遠隔于實者
也。故曰獨遠實。獨者言本卦之陰皆近乎陽。而四
獨遠也。
六五童蒙吉
童蒙者純一未散。專心資于人者也。艮爲少男。故

曰童。匪我求童蒙。言童之蒙昧也。此則就其純一未散。專聽于人而言。蓋中爻爲坤順。五變爲巽。有此順巽之德。所以專心資剛明之賢也。○六五以順巽居尊。遠應乎二。近比乎上。蓋專心資剛明之賢者。故有童蒙之象。占者如是則吉也。

象曰。童蒙之吉。順以巽也。

中爻爲順。變爻爲巽。仰承親比上九者。順也。俯應聽從九二者。巽也。親比聽從乎陽。正遠實之反。所以吉。

上九擊蒙不利爲寇利禦寇

擊蒙者、擊殺之也。應爻坎爲盜錯離。爲戈兵。艮爲手。手持戈兵。擊殺之象也。三與上九爲正應。故擊殺之也。寇者、即坎之寇盜也。二寇字相同。不利爲寇者。殺三爻在下蒙昧之人也。利禦寇者。殺上九在上治蒙之人也。六三在本爻爲淫亂。在上九爲寇亂。蒙昧之極可知矣。○上九與三之寇盜相爲正應。過剛不中。治蒙太猛。故有擊蒙之象。聖人殺占者以占得此爻者。若乃在下蒙昧之人。則不利爲寇。爲寇則有擊殺之凶矣。占得此爻者。若乃在上治蒙之人。惟利禦止其寇而已。不可即擊殺之。聖人哀矜愚蒙之人。故兩有所戒也。

象曰。利用禦寇。上下順也。

上九剛止于禦寇。上之順也。六三柔隨其所止。下之順也。艮有止象。變坤有順象。漸自利禦寇。小象亦曰順相保。可見矣。

䷄ 乾下 坎上

需者、須也。有所待也。理勢不得不需者。以卦象論。

水在天上未遽下于地必待陰陽之交薫蒸而後成需之象也以卦德論乾性主于必進乃處坎陷之下未肯遽進需之義也序卦蒙者物之穉也物穉不可不養也需者飲食之道也養物以飲食所以次蒙

需有孚光亨貞吉利涉大川

需雖有所待乃我所當待也非不當待而待也孚者信之在中者也坎體誠信充實于中孚之象也光者此心光明不為私欲所蔽也中爻離光明之

象也。亨者、此心亨泰。不爲私欲所窒也。坎爲通。亨
通之象也。貞者、事之正也。八卦正位坎在五。陽剛
中正。爲需之主。正之象也。皆指五也。坎水在前。乾
健臨之。乾知險。涉大川之象也。又中爻兑綜巽。坎
水在前。巽木臨之。亦涉大川之象。詳見頤卦上九。
孚貞者。盡所需之道。光亨吉利者。得所需之效。需
若無實。必無光亨之時。需若不正。豈有吉利之理。
○言事若有所待。而心能孚信。則光明而事通矣。
而事又出于其正。不行險以僥倖則吉矣。故利涉

大川。

彖曰需須也險在前也剛健而不陷其義不困窮矣需有孚光亨貞吉位乎天位以正中也利涉大川往有功也

以卦德釋卦名。以卦綜釋卦辭。需者須也。理勢之所在。正欲其有所待也。故有需之義。險在前不易于進。正當需之時也。乾臨之毅然有守。不冐險以前進。故不陷于險。既不陷于險。則終能出其險。其義不至于困窮矣。所以名需。需訟二卦同體。文王綜爲一卦。故雜卦曰需不進也。訟不親也。位天位。以正中者訟下卦之坎。往居需之上卦。九五又正而又中也。五爲天位。因自訟之地位往居之。故曰位乎天位。如在訟下卦。止可言中。不可言正矣。正則外無偏倚。中則心無夾雜。所以有孚光亨貞吉。往有功。與漸蹇解三卦彖辭往有功同。言訟下卦往而居需之上卦九五正中。所以有利涉大川之功也。

象曰雲上於天需君子以飲食宴樂

雲氣蒸而上升。必得陰陽和洽。然後成雨。故爲需待之義。君子事之當需者。亦不容更有所爲。惟内有孚。外守正。飲食以養其氣體而已。宴樂以娛其心志而已。此外別無所作爲也。曰飲食宴樂者。乃居易俟命。涵養待時之象也。非真必飲食宴樂也。若伯夷太公需待天下之清。窮困如此。豈能飲食宴樂哉。

初九需于郊利用恒无咎

郊者曠遠之地。未近于險之象也。乾爲郊。郊之象也。故同人、小畜皆言郊。需于郊者，不冒險以前進也。恒者，常也。安常守靜以待時，不變所守之操也。利用恒无咎者，戒之也。言若無恒，猶有咎也。○初九陽剛得正，未近於險，乃不冒險以前進者，故有需郊之象。然需于始者，或不能需于終，故必義命自安，恒于郊而不變，乃其所利也。戒占者能如此，則无咎矣。

象曰：需于郊，不犯難行也。利用恒无咎，未失常也。難乃旦反不犯難行者超然遠去。不冒犯險難以前進也。未失常者不失需之常道也。需之常道。不過以義命自安。不冒險以前進而已。

九二需于沙小有言終吉

坎爲水。水近則有沙。沙則近于險矣。漸近于險雖未至于患害。已小有言矣。小言者、衆人見譏之言也。避世之士。知前有坎陷之險。責之以潔身用世之士。知九二剛中之才。責之以拯溺也。中爻爲兌口舌。小言之象也。終吉者、變爻離明。明哲保身終

不陷于險也○二以陽剛之才而居柔守中蓋不冒險而進者故有需于沙之象占者如是雖不免小有言終得其吉也

象曰需于沙衍在中也雖小有言以吉終也

水行朝宗曰衍卽水字也凡江河水在中而沙在邊衍在中者言水在中央也沙在水邊則近于險矣雖近于險而小有言然以剛中處需故不陷于險而以吉終也

九三需于泥致寇至

泥逼于水將陷于險矣。寇之地也。坎爲盜在前。寇之象也。○九三居健體之上。才位俱剛。進不顧前。遍于坎盜。故有需泥寇至之象。健體。敬慎。惕若。故占者不言凶。

象曰需于泥災在外也自我致寇敬愼不敗也

外謂外卦。災在外者。言災已切身而在目前也。災在外而我近之。是致寇自我也。敬慎不敗者。三得其正。乾乾惕若。敬而且慎。所以不敗于寇也。故占者不言凶。

六四需于血出自穴

坎爲血。血之象也。又爲隱伏。穴之象也。偶居左右上下皆陽。亦穴之象也。血即坎字。非見傷也。出自穴者。觀上六入于穴入字。此言出字。即出入二字自明矣。言雖需于血。然猶出自穴外。未入于穴之深也。需卦近于坎。致寇至。及入于坎三爻皆吉者何也。蓋六四順于初之陽。上六陽來救援。皆應與有力。九五中正。所以皆吉也。凡看周公爻辭。要玩孔子。小象。若以血爲殺傷之地。失小象順聽之旨矣○四交于坎已入于險故有需于血之象然四與初爲正應能順聽乎初初乃乾剛至健而知險惟知其險是出自穴外不冒險以進雖險而不險矣故其象占如此

象曰需于血順以聽也

坎爲耳聽之象也聽者聽乎初也六四柔得其正順也順聽乎初故入險不險

九五需于酒食貞吉

坎水酒象中爻兑食象詳見困卦酒食宴樂之具

需于酒食者。安于日用飲食之常以待之而已。貞吉者、正而自吉也。非戒也。○九五陽剛中正。居于尊位。蓋優游和平。不多事以自擾。無爲而治者也。故有需于酒食之象。其貞吉可知矣。占者有是貞。亦有是吉也。

象曰酒食貞吉以正中也

即彖正中。

上六入于穴有不速之客三人來敬之終吉

陰居險陷之極。入于穴之象也。變巽爲入。亦入之象也下應九三陽合乎陰陽主上進不召請而自來之象也我爲主應爲客三陽同體有三人之象也入穴窮困望人救援之心甚切喜其來而敬之之象也終吉者以三陽至健知險可以拯溺也○上六居險之極下應九三故其象如此占者之吉可知矣

象曰不速之客來敬之終吉雖不當位未大失也當去聲

位者爻位也三乃人位應乎上六故曰人來初與

二皆地位。上六所應者。乃人位非地位。今初與二皆來。故不當位也。以一陰而三陽之來。上六敬之。似為失身矣。而不知入于其穴。其時何時也。來救援于我者。猶擇其位之當否。而敬有分別。是不知權變者矣。故初與二雖不當位。上六敬之。亦未為大失也。曰未大失者。言雖失而未大也。若不知權變。自經于溝瀆。其失愈大矣。易中之時正在于此。

坎下
乾上

訟者。爭辯也。其卦坎下乾上。以二象論。天運乎上。

水流乎下。其行相違。所以成訟。以卦德論。上以剛陵乎下。下以險伺乎上。以一人言。內險而外健。以二人言。已險而彼健。險與健相持。皆欲求勝。此必訟。之。道也。序卦、飲食者。人之大欲存焉。既有所需。必有所爭。訟所由起也。所以次需。

訟有孚窒惕中吉終凶利見大人不利涉大川

有孚者、心誠實而不詐僞也。窒者、窒塞而能含忍也。惕者、戒懼而畏刑罰也。中者、中和而不很愎也。人有此四者。必不與人爭訟。所以吉。若可已不已。

必求其勝。而終其訟則凶。利見大人者。見九五以決其訟也。不利涉大川者。不論事之淺深。冒險入淵以興訟也。九二中實。有孚之象。一陽沉溺于二陰之間。窒之象。坎為加憂。惕之象。陽剛來居二中之象。上九過剛。終訟之象。九五中正以居尊位。大人之象。中爻巽木。下坎水。本可涉大川。值三剛在上。陽實陰虛。遇巽風。舟重遇風。則舟危矣。舟危豈不入淵。故彖辭曰入淵。不利涉之象也。與棟撓同。文王卦辭。其精妙至絕。

彖曰訟上剛下險險而健訟訟有孚窒惕中吉剛來而得中也終凶訟不可成也利見大人尚中正也不利涉大川入于淵也

以卦德卦綜卦體卦象釋卦名卦辭險健詳見前卦下若健而不險必不生訟險而不健必不能訟所以名訟剛來得中者需訟相綜需上卦之坎來居訟之下卦九二得中也前儒不知序卦雜卦所以依虞翻以爲卦變剛來居柔地得中故能有孚能窒能惕能中終者極而至于成也訟已非美事

君訟之不已。至于其極。其凶可知矣。尚者、好尚之尚。主也。言九五所主在中正也。惟中正所以能辨人是非。入淵者、舟重遇風。其舟危矣。故入淵與冒險與訟。必陷其身者。一而已矣。

象曰。天與水違行。訟。君子以作事謀始。

天上蟠。水下潤。天西轉。水東注。故其行相違。謀之于始。則訟端絕矣。作事謀始。工夫不在訟之時。而在于未訟之時也。與其病後能服藥。不若病前能自調之意。天下之事。莫不皆然。故曰曹劉共飯。地

分于七篇之間蘇史滅宗忽起于談笑之頃蘇逢
吉史弘文俱爲令見五代史
初六不永所事小有言終吉
不永所事者不能永終其訟之事也小有言者但
小有言語之辨白而已變兌爲口舌言之象也應
爻乾爲言亦言之象也因居初故曰小終吉者得
辨明也○初六才柔位下不能永終其訟之事雖
在我不免小有言語之辨然溫柔和平自能釋人
之忿怨所以得以辨明故其象如此而占者終得

吉也。

象曰不永所事訟不可長也雖小有言其辯明也

訟不可長、以理言也。言雖是初六陰柔之故。然其理亦如此。長永二字相同。雖不免小有言語之辯。然終因此言辯明。

九二不克訟歸而逋其邑人三百戶无眚

克、勝也。自下訟上。不克而還。故曰歸逋。逋、逃避也。坎爲隱伏。逋之象也。邑人詳見謙卦。中爻爲離。坎錯離。離居三。三百之象也。二變下卦爲坤。坤則闔戶之象也。三百言其邑之小也。言以下訟上。歸而逋竄是矣。然使所逋竄之邑爲大邑。則猶有據邑之意。跡尚可疑。必如此小邑藏避。不敢與五爲敵。方可免眚。需訟相綜。訟之九二。即需之九五。曰剛來而得中。曰歸而逋。皆因自上而下。故曰來曰歸。其字皆有所本。如此玄妙。豈粗浮者所能解。坎爲眚。變坤則無眚矣。○九二陽剛爲險之主。本欲訟者也。然以剛居柔之中。既知其理之不當訟。而上應九五之尊。又知其勢不可訟。故自處卑小以免災患。其象如此。占者如是。則无眚矣。

象曰不克訟歸逋竄也自下訟上患至掇也

歸逋竄者、不與之訟也。掇者拾取也。自下訟上。義乖勢屈。禍患猶拾而自取。此言不克訟之故。

六三食舊德貞厲終吉或從王事无成

德與穢德彰聞閨門慙德之德同、乃惡德也、德乃行而有得、往日之事也、故以舊字言之、凡人與人爭訟、必舊日有懷恨不平之事、有此懷恨、其人之惡德藏畜于胸中、必欲報復、所以訟也、食者、吞聲不言之意中爻巽綜兌只食之象也王事者王家敵國忿爭之事如宋之與金是也變巽不果或之象也中爻離日王之象也應爻乾君亦王之象也無成者不能成功也下民之爭訟王于怯王家之爭訟王于才以此食舊德之柔處下民之剛强敵國則可若以此處王國之剛强敵國是即宋之于金柔弱極矣禦侮無人稽首稱臣安得有成○六三上有剛强之應敵陰柔自卑故有食人舊德不與爭辯之象然應與剛猛常受侵陵雖正亦不免

危厲矣。但六三含忍不報。從其上九。與之相好。所以終不爲已害而吉也。如此之人。柔順有餘。而剛果不足。安能成王事哉。故占者乃下民之應敵則吉。或王事之應敵。則無成而凶。

象曰。食舊德。從上吉也。

從上者。從上九也。上九剛猛。六三食其舊日剛猛侵陵之惡德。相從乎彼。與之相好。則吉矣。

九四。不克訟。復卽命。渝安貞。吉。

卽、就也。命者、天命之正理也。不曰理而曰命者。有此象也中爻巽四變亦爲巽命之象也渝變也四變中爻爲震變動之象也故隨卦初爻曰渝安貞者安處于正也復即于命者外而去其忿爭之事也變而安貞者內而變其忿爭之心也心變則事正矣吉者雖不能作事于謀始之先亦能改圖于有訟之後也九二九四皆不克訟既不克矣何以訟哉蓋二之訟者險之使然也其不克者勢也知勢之不可敵故歸而逋逃曰歸者識時勢也四之訟者剛之使然也其不克者理也知理之不可違

故復卽于命曰復者明理義也九四之復卽九二之歸皆以剛居柔故能如此人能明理義識時勢處天下之事無難矣學者宜細玩之○九四剛而不中旣有訟之象以其居柔故又有復卽命渝安貞之象占者如是則吉也

象曰復卽命渝安貞不失也

始而欲訟不免有失今旣復渝則改圖而不失矣

九五訟元吉

九五爲訟之主陽剛中正以居尊位聽訟而得其

平者也。凡訟占者遇之，則利見大人。訟得其理而元吉矣。

象曰：訟元吉，以中正也。

中則聽不偏，正則斷合理，所以利見大人而元吉。

上九：或錫之鞶帶，終朝三褫之。鞶音盤，褫池尔切

或者，設或也，未必然之辭。鞶帶，大帶，命服之飾，又紳也。男鞶革，女鞶絲。乾爲衣，又爲圜，帶之象也。乾君在上，變爲兌口，中爻爲巽命令，錫服之象也。故九四曰復卽命。中爻離日，朝日之象也。離日居下

卦終之象也。又居三。三之象也。褫奪也。坎爲盜。褫奪之象也。命服以錫有德。豈有賞訟之理。乃設言也。極言訟不可終之意。○上九有剛猛之才。處訟之終。窮極于訟者也。故聖人言人肆其剛强。窮極于訟。取禍喪身。乃其理也。設若能勝。至于受命服之賞。是亦仇爭所得。豈能長保。故終一朝而三見褫奪也。卽象而占之。凶可知矣。

象曰。以訟受服。亦不足敬也

縱受亦不足敬。況褫奪隨至。其不可終訟也明矣。

易經集註卷之二終

梁山來知德先生易經集註卷之三

平山後學崔華重訂　男巒岱[illegible]齊同校

☵☷ 坎下坤上

師者衆也。其卦坎下坤上。以卦象論。地中有水。爲衆聚之象。以卦德論。内險而外順。險道以順行。師之義也。以爻論。一陽居下卦之中。上下五陰從之。將統兵之象也。二以剛居下。五柔居上而任之。人君命將出師之象也。序卦訟必有衆起。師興由爭。故次于訟。

師貞丈人吉无咎

貞者正也丈人者老成持重練達時務者也凡人君用師之道在得正與擇將而已不得其正則師出無名不擇其將則將不知兵故用兵之道利于得正又任老成之人則以事言有戰勝攻取之吉以理言無窮兵厲民之咎矣戒占者當如是也

彖曰師衆也貞正也能以衆正可以王矣剛中而應行險而順以此毒天下而民從之吉又何咎矣王去聲

以卦體卦德釋卦辭衆者卽周官自五人爲伍積

而至于二千五百人爲師也。正者、即王者之兵、行一不義。殺一不辜。而得天下不爲。如此之正也。以者、謂能左右之也。一陽在中。而五陰皆所左右也。左右之使衆人皆正。樵蘇无犯之意。則足以宣布人君之威德。即王者仁義之師矣。故可以王。以衆正。言爲將者、可以王。言命將者。能正即可以王。故師貴貞也。剛中而應者、爲將不剛則怯。過剛則猛。九二剛中。乃將才之善者。有此將才。五應之。又信任之專。則可以展布其才矣。行險者、兵危事也。謂坎也。順者、順人心也。謂坤也。兵足以戡亂。而順人心則爲將。有其德矣。有是才德。所以名丈人也。毒者、猶既濟憊字、時久師老之意。噬嗑中爻爲坎。故亦曰遇毒。乃陳久太肥腊肉。味變者。五行志云。厚味實腊毒。師古曰、味厚者爲毒久。陳久之事。文案繁雜。難于聽斷。故以腊毒象之。非毒害也。若毒害則非行險而順矣。言出師固未免毒于天下。然毒之者實所以安之。乃民所深願而悅從者也。民悅而從。所以吉而无咎。毒天下句、與民從之句意正

相應若毒天下而民不從豈不凶豈不有咎

象曰地中有水師君子以容民畜衆

水不外于地兵不外于民地中有水水聚地中爲聚衆之象故爲師容者容保其民養之教之也畜者積畜也古者寓兵于農故容保其民者正所以畜聚其兵也常時民即兵變時兵即民兵不外乎民即水不外乎地也

初六師出以律否臧凶否蒲鄙反

專以將言律者法也號令嚴明部伍整肅坐作進

退攻殺擊刺皆有法則是也否者塞也兵敗也臧者善也兵成功也若不以律不論成敗成亦凶敗亦凶二者皆凶故曰否臧凶觀小象失律凶之句可見矣○初六才柔當出師之始師道當守其法則故戒占者師出以律失律則不論否臧皆凶矣

象曰師出以律失律凶也

失律否固凶臧亦凶

九二在師中吉无咎王三錫命

師中者在師而得其中也此爻正象辭之剛中而

應。六五。小象之以中行。皆此中也。在師中者、剛中也。錫命者、正應也。蓋爲將之道。不剛則怯。過剛則猛。惟剛中則吉而无咎矣。吉无咎者、恩威並著。出師遠討。足以靖內安外也。錫命者、或錫以褒嘉之温語。或錫以其物。如宋太祖之解裘是也。乃寵任其將。非褒其成功也。曰錫命、則六五信任之專可知矣。本卦錯同人。乾在上。王之象。離在下。三之象。中爻巽。錫命之象。全以錯卦取象。亦如睽卦上九之見豕負塗也。取象如此玄妙。所以後儒難得知。

○九二爲衆陰所歸。有剛中之德。上應六五而爲
之寵任。故其象如此。而占可知矣。

象曰在師中吉承天寵也王三錫命懷萬邦也

天謂王也。在師中吉者、以其承天之寵。委任之專
也。王三錫命者以其存心于天下。惟恐民之不安。
故任將伐暴安民也。下二句皆推原二五之辭。

六三師或輿尸凶

或者、未必之辭。變異進退不果。或之象也。言設或
也。輿者、多也。衆人之意。即今輿論之輿。以坤坎二

卦皆有輿象，故言輿也。尸者，主也。言爲將者不主，而衆人主之也。觀六五弟子輿尸可見矣。程傳是。○六三陰柔，不中不正，位居大將九二之上，才柔志剛，故有出師大將不主而三或主之之象。不能成功也，必矣。故其占凶。

象曰：師或輿尸，大无功也。

曰大者，甚言其不可輿尸也。

六四，師左次，无咎。

師三宿爲次，右爲前，左爲後。今人言左遷是也。蓋乾先坤後。乾右坤左。故明夷六四陰也曰左腹。豐卦九三陽也曰右肱。左次謂退舍也。○六四居陰得正。故有出師度不能勝。完師以退之象。然知難而退。兵家之常。故其占无咎。

象曰左次无咎未失常也

知難而退。師之常也。聖人恐人以退爲怯。故言當退而退。亦師之常。故曰未失常。

六五田有禽利執言无咎長子帥師弟子輿尸貞凶

田乃地之有水者。應爻爲地道。居于初之上。田之象也。故乾二爻曰在田。禽者，上下皆陰，與小過同禽之象也。坎爲豕，錯離爲雉，皆禽象也。禽害禾稼，寇盜之象也。坎爲盜，亦有此象。執者，與師以執獲也。坤爲衆，中爻震綜艮爲手。衆手俱動，執獲之象也。言者，声罪以致討也。坤錯乾爲言，言之象也。无咎者，師出有名也。長子，九二也。中爻震長子之象也。長子即丈人。自衆尊之曰丈人，自爻象之曰長子。弟子，六三也。坎爲中男，震之弟也。弟子之象也。

〇六五用師之主。柔順得中，不爲兵端者也。敵加于巳不得巳而應之故爲田有禽之象應敵興兵利于執言占者固无咎矣然任將又不可不專若專于委任使老成帥師以任事可也苟參之以新進之小人俾爲弟子者參謀與尸于其間使長子之才有所牽制而不得自主則雖曰有禽乃應敵之兵其事固貞然所任不得其人雖貞亦凶矣因六五陰柔故許以无咎而又戒之以此

象曰長子帥師以中行也弟子輿尸使不當也當去聲

言所以用長子帥師者以其有剛中之德使之帥

師以行使之當矣若弟子則使之不當也以中行推原其二之辭使不當歸咎于五之辭

上六大君有命開國承家小人勿用

坤錯乾大君之象也乾爲言有命之象也命者命之以開國承家也坤爲地爲方國之象也故曰開國變艮爲門闕家之象也故曰承家損卦艮變坤故曰無家師卦坤變艮故曰承家周公爻象其精至此開者封也承者受也功之大者開國功之小者承家也小人開承中之小人也陽大陰小陰土

重疊小人之象也勿用者不因其功勞而遂任用以政事也變艮爲止勿用之象也如光武雲臺之將得與公卿參議大事者惟鄧禹賈復數人而已可謂得此爻之義者矣○上六師終功成正論功行賞之時矣故有大君有命開國承家之象然師旅之興效勞之人其才不一販繒屠狗之徒亦能樹其奇功不必皆正人君子故開國承家惟計其一時得功之大小不論其往日爲人之邪正此正王者封建之公心也至于封建之後董治百官或

上而參預廟廊之機謀或下而委任百司之庶政則惟賢是用而前日諸將功臣中之小人惟享其封建之爵土再不得干預乎此矣故又戒之以小人勿用也弟子輿尸戒之于師始小人勿用戒之于師終聖人之情見矣

象曰大君有命以正功也小人勿用必亂邦也

正功者正功之大小也亂邦者小人挾功倚勢暴虐其民必亂其邦王三錫命命于行師之始惟在于懷邦懷邦者懷其邦之民也大君有命命于行

師之終惟恐其亂邦亂邦者亂其邦之民也聖人行師惟救其民而已豈得已哉

䷇ 坤下坎上

比親輔也其卦坤下坎上以卦象論水在地上最相親切比之象也以爻論五居尊位衆陰比而從之有一人輔萬邦四海仰一人之象故爲比也序卦衆必有所比故受之以比所以次師

比吉原筮元永貞无咎不寧方來後夫凶

原者再也與禮記末有原之原同蒙之剛中在下

卦故曰初筮比之剛中在上卦故曰原筮下卦名初筮上卦名原筮非真以蓍草筮之也孔子于二卦彖辭皆曰以剛中言蒙剛中在下故能發人之蒙比剛中在上故有三德而人來親輔也非舊註所謂再筮以自審也元者元善也即仁也永恒也貞正也言元善長永貞固也無咎者有此元永貞之三德也不寧者不遑也四方歸附方新來者不遑也猶言四方歸附之不暇也坤爲方故曰方後夫凶者如萬國朝禹而防風後至天下歸漢而田

横不來也○下畫爲前上畫爲後○凡卦畫陽在前者爲夫○如睽卦遇元夫是也○此夫指九五也○陽剛當五○乃位天德○元之象也○四陰在下相率而來○不寧方來之象也○一陰高亢于上○負固不服○後夫之象也○〇言筮得此卦爲人所親輔○占者固吉矣○然何以吉哉○盖因上卦陽剛得中○有元永貞三者之德○則在我已無咎○而四方之歸附于我者○且不遑後來者自蹈迷復之凶矣○此所以吉也○

彖曰比吉也比輔也下順從也原筮元永貞无咎以

剛中也不寧方來上下應也後夫凶其道窮也

釋卦名義又以卦體釋卦辭比吉也乃漸卦女歸吉也之例皆止添一也字比輔者言陽居尊位群下順從以親輔之也蓋輔者比之義順從者又輔之義順者情不容已從者分不可逃以者因也因有此剛中之德也剛中則私欲無所留所以爲元善者此也剛中則健而不息所以爲永者此也剛中則正固而不偏所以爲貞者此也蓋八卦正位坎在五所以有此二德而無咎九五居上群陰應

于下。上下相應。所以不寧方來。道窮者理勢窮蹙無所歸附也。

象曰地上有水比先王以建萬國親諸侯

物相親比而無間者。莫如水在地上。先王觀比之象。建公侯伯子男之國。上而巡狩。下而述職朝聘往來以親諸侯。諸侯承流宣化以親其民。則視天下猶一家。視萬民猶一身。而天下比于一矣。彖則人來比我。象與諸爻則我去比人。師之畜衆。井田法也。比之親侯。封建法也。秦惟不知此義。故二世

一即古善乎六代論曰譬如芟刈股肱獨任胸腹浮舟江海捐弃楫櫂觀者爲之寒心而始皇自以爲帝王萬世之業豈不悖哉

初六有孚比之无咎有孚盈缶終來有他吉

有孚者誠信也比之者比于人也誠信比人則無咎矣缶瓦器也以土爲之而中虛坤土陰虛之象也盈者充滿也缶坤土之器坎下流之物初變成屯屯者盈也水流盈缶之象也若以人事論乃自一念而念念皆誠自一事而事事皆誠即盈缶也

有孚即孟子所謂信人盈缶則充實之謂美矣來者自外而來也他對我言終對始言○初六乃比之始相比之道以誠信爲本故無咎若由今積累自始至終皆其誠信充實于中若缶之盈滿孚之至于極矣則不但無咎更有他吉也

象曰比之初六有他吉也

言比不但無咎而即有他吉見比貴誠實也

六二比之自内貞吉

二在内卦故曰内自内者由已涵養有素因之得

君如伊尹樂堯舜之道而應成湯之聘也入卦正位坤在二故曰貞○六二柔順中正上應九五皆以中正之道相比蓋貞而吉者也占者有是德則應是占矣

象曰比之自内不自失也

中正故不自失

六三比之匪人

三不中不正已不能擇人而比之矣又承乘應皆陰故爲比之匪人二之中正而曰匪人者止以陰

論也。婦人雖賢。猶是婦人。非先儒隨時之說。

象曰比之匪人不亦傷乎

傷哀傷也。即孟子哀哉之意。不言其凶而曰傷乎者。蓋惻然而痛憫也。

六四外比之貞吉

九五外卦。故曰外。謂從五也。之字指五。本卦獨九五爲賢。六二以正應而比之。修乎已而貞吉也。六四以相近而比之。從乎人而貞吉也。於此見易之時。○六四柔順得正。舍正應之陰柔。而外比九五剛明中正之賢得所比之正者也吉之道也故占者貞吉。

象曰外比於賢以從上也

五陽剛中正故言賢居尊位故言上六四外比豈徒以其賢哉君臣大分亦以安其從上之分也

九五顯比王用三驅失前禽邑人不誡吉

顯者顯顯然光明正大無私也言比我者無私而我亦非違道干求比乎我也下三句顯比之象也三驅者設三面之網即天子不合圍也坎錯離爲日

王之象也。又居三。三之象也。坎馬駕坤車。驅之象也。綜師、用兵驅逐禽獸之象也。前後坤土兩開。開一面之象也。故同人初九前坤土兩開曰同人于門。一陽在衆陰之中。與小過同禽之象也。故師卦亦曰禽。前禽、指初。下卦在前。初在應爻之外。失前禽之象也。坤爲邑。又爲衆。又三四爲人位。居應爻二之上。五之下。邑人之象也。不誡者、禽之去者聽其自去。邑人不相警誡以求必得也。不誡者在下之無私。不合圍者、在上之無私。所以爲顯。○九五剛健中正以居尊位群陰求比于已顯其比而無私。其不比者亦聽其自去。來者不拒。去者不追。故有此象。占者比人無私則吉矣。

象曰顯比之吉位正中也舍逆取順失前禽也邑人不誡上使中也 舍音捨

位正中即剛健中正居尊位也。用命不入網而去者為逆。不我比者也。不用其命入網而來者為順。比我者也。人中正則不貪得。人不誡者。以王者有中德。故下化之。亦中。亦不貪得。猶上有以使之也。所以失前禽。邑人不誡。

上六比之无首凶

乾爲首。九五乾剛之君乃首也。九五已與四陰相爲顯比。至上六則不能與君比。是比之無首。其道窮矣。故蹈後夫之凶。

象曰比之无首無所終也

無所終。即後夫凶。

䷈ 乾下巽上

小者、陰也。畜者、止也。乾下巽上。以陰畜陽。又一陰居四。上下五陽。皆其所畜。以小畜大。故爲小畜。又畜之未極。陽猶尚往。亦小畜也。序卦比必有畜。故受之以小畜。所以次比。

小畜亨。密雲不雨。自我西郊。

中爻離錯坎。雲之象。中爻兌西之象。下卦乾郊之象。詳見需卦。凡雲自西而來東者。水生木。洩其氣。故無雨。○小畜亨。然其所以亨者。以畜未極而施未行也。故有密雲不雨自我西郊之象。故占者亨。

彖曰小畜柔得位而上下應之曰小畜健而巽剛中

而志行乃亨密雲不雨尚往也自我西郊施未行也

施始鼓反

以卦綜卦德釋卦名卦辭得位者八卦正位巽在四內也本卦與履相綜故孔子雜卦曰小畜寡也履不處也履之三爻陰居陽位不得其位往而爲小畜之四則得位矣故曰柔得位而上下應之上下者五陽也以柔得位而上下應之則五陽皆四所畜矣以小畜大故曰小畜內健則此心果決而能勝其私外巽則見事詳審而不至躁妄又二五剛

居中位。則陽有可爲之勢。可以伸其必爲之志矣。陽性上行。故曰志行。乃亨者、言陽爲陰所畜。宜不亨矣。以健而巽。剛居中而志行。則陽猶可亨也。往者、陽往。施者陰施。言畜之未極。陽氣猶上往而陰不能止也。惟陽上往。所以陰澤不能施行而成雨

象曰風行天上小畜君子以懿文德

懿、美也。巽順懿美之象。三乾陽德之象。中爻離文之象。以道而見諸躬行曰道德。見諸威儀文辭曰文德。風行天上。有氣而無質。能畜而不能必。曰小

畜。君子大則道德，小則文德。故體之以美其文德之小。曰文而必曰德者，見文乃德之輝，非粉飾也。

初九。復自道，何其咎，吉。

自下升上曰復，歸還之意。陽本在上之物，志欲上進，而為陰所畜止，故曰復。自者由也，道者以正道也。言進于上，乃陽之正道也。何其咎，見其本無咎也。復卦不遠復、休復者，乃六陰已極之時，喜陽之復生于下。此卦之復自道、牽復者，乃一陰得位之時，喜陽之復升于上。○初九乾體，居下得正，雖與四陰爲正應。而能守正不爲四所畜。故有復自道之象。占者如是。則無咎而吉矣。

象曰復自道其義吉也

在下而畜于上之陰者。勢也。不爲陰所畜而復于上者。理也。陽不爲陰畜。乃理之自吉者。故曰其義吉。

九二牽復吉

九二漸近于陰。若不能復矣。然九二剛中。則不過剛而能守已相牽。故亦復。與初二爻並復。有牽連而復之象。占者如是則吉矣。三陽同體。故曰牽。故夬卦亦曰牽。程傳謂二五牽復。本義謂初。觀小象亦字。則本義是。

象曰牽復在中亦不自失也

在中者、言陽剛居中也。亦者承初爻之辭。言初九之復自道者。以其剛正不爲陰所畜。不自失也。九二剛中牽復。亦不自失也。言與初九同也。

九三輿說輻夫妻反目 說音脫

輿脫去其輻則不能行。乾錯坤輿之象也。變兌爲毀折。脫輻之象也。脫輻非惡意。彼此相悅。不肯行也。乾爲夫。長女爲妻。反目者、反轉其目。不相對視也。中爻離爲目。巽多白眼。反目之象也。三四初時陰陽相比而悅。及變兌爲口舌。巽性進退不果。又妻乘其夫。妻居其外。夫反在內。則三反見制于四。不能正室而反目矣。蓋陽性終不可畜。所以小畜止能畜得九三一爻。諸爻皆不能畜。然亦三之自取也。○九三比陰。陰陽相悅。必苟合矣。爲四畜止不行。故有輿脫輻之象。然三過剛不中。銳于前進。

四性入。堅于畜止。不許前進。三反見制于四。不能正室矣。故又有反目之象。其象如此。而占者之凶可知矣。

象曰夫妻反目不能正室也

室者閨門也。正者男正位乎外。女正位乎內也。三四苟合。豈能正室。所以反目。故歸妹大象曰君子以永終知敝。

六四有孚血去惕出无咎（去上聲）

五陽皆實。一陰中虛。孚信虛中之象也。此爻離錯坎坎爲血血之象也血去者去其體之見傷也又爲加憂惕之象也惕出者出其心之見懼也曰去曰出者以變爻言也盖本爻未變錯坎有血惕之象既變則成純乾矣豈有血惕所以血去惕出也本卦以小畜大四爲畜之主近乎其五盖畜君者也畜止其君之欲豈不傷害憂懼盖畜有二義畜之不善者小人而羈縻君子是也畜之善者此爻是也○六四近五五當畜其五者也五居尊位以陰畜之未免傷害憂懼然柔順得正乃能有孚誠信

以上合乎五之志故有血去惕出之象占者能如
是誠信斯无咎矣
象曰有孚惕出上合志也
上合志者以其有孚誠信也
九五有孚攣如富以其鄰
本卦大象中虛而九五中正故有孚誠信攣者攣
綴也綴者緝也緝者續也皆相連之意即九二之
牽也謂其皆陽之類所以牽連相從也巽爲繩攣
之象也又爲近市利三倍富之象也故家人亦曰

富家大吉。五居尊位。如富者有財可與隣共之也。以者、左右之也。以其鄰者、援挽同德。與之相濟也。君子爲小人所困。正人爲邪黨所厄。則在下者必攀挽于上。期于同進。在上者必援引于下。與之協力。故二牽而五攣。本卦雖以陰畜陽。初二皆牽復吉。不爲陰所畜。彖曰、剛中而志行乃亨。剛中志行正在此爻。故亨。若舊註以三爻同力畜乾。則助小人以畜君子。陽豈得亨。非聖人作易之意矣。一陰五陽。君子多于小人。所以初二五皆不能畜。○九五居尊。勢有可爲。以九二同德爲輔佐。當小人畜止之時。剛中志行。故有有孚攣如。富以其鄰。小人不得畜止之象。占者有孚。亦如是也。

象曰有孚攣如不獨富也

言有孚則人皆牽攣而從之矣。不必有其富也。今五居尊位旣富矣。而又有孚。故曰不獨富。

上九旣雨旣處尚德載婦貞厲月幾望君子征凶

上九變坎爲雨。雨之象也。處者。止也。巽性旣進而退。巽風吹散其雨。旣雨旣止之象也。雨旣止。可尚往矣。尚德載者，下三陽爲德，坎爲輿，成需，即需上六不速之客三人來也。載者，積三陽而載之也。故曰積德載。此言陽尚往也。水火相錯之卦，火天大有曰大車以載，象曰積中不敗，則坎車積三陽載之上往也明矣。巽婦畜乾之夫，以順爲正。巽本順而正者也。今變坎，失巽順而爲險陷危厲之道也。故始貞而今厲矣。坎爲月，中爻離爲日，日月之象也。巽錯震，中爻兌，震東兌西，日月相望之象也。言陰盛也。易中言月幾望者三，皆對陽而言。中孚言從乎陽。歸妹言應乎陽。此則抗乎陽也。三陽有乾德。故曰君子。巽性進退不果。本疑惑之人。今變坎陷。終必疑君子之進。畜止而陷之。故征凶。○畜已終矣。陰終不能畜陽。故有雨止。陽往之象。畜者雖貞亦厲之道也。然陰既盛抗陽。則君子亦不可往矣。兩有所成也。故其象占如此。陽終不爲陰所畜。故雜卦曰小畜寡也。觀寡字可知矣。

象曰。既雨既處。德積載也。君子征凶。有所疑也。

陽德積而尚往。故貞厲。陰終疑陽之進而畜之。故征凶。

䷉ 兑下乾上

履者，禮也。以禮人所踐履也。其卦兑下乾上，天尊于上，澤卑于下，履之象也。內和悅而外剛健，禮嚴而和之象也。序卦物畜然後有禮，故受之以履，因次小畜。

履虎尾，不咥人，亨。咥，直結反。

履者，足踐履也。中爻巽錯震，震爲足，有履之象，乃自上而履下也。咥者，齧也。下卦兑錯艮，艮爲虎，虎

之象也。乃兌爲虎。非乾爲虎也。先儒不知象所以
以乾爲虎。周公因文王取此象。故革卦上體兌亦
取虎象。曰尾者、因下卦錯虎所履在下。故言尾也。
故遯卦下體艮亦曰尾。兌口乃悅體。中爻又巽順。
虎口和悅。巽順不猛。故不咥人。
彖曰履柔履剛也說而應乎乾是以履虎尾不咥人
亨剛中正履帝位而不疚光明也說音悅
以卦德釋卦名卦辭。而又言卦體之善。柔履剛者、
以三之柔履二之剛也。此就下體自上履下而言

也。釋卦名也。悅而應乎乾者、此就二體自下應上而言也。曰應者、明其非履也。三與五同功、故曰應。此釋卦辭之所以亨也。帝指五。九五剛健中正。德與位稱。故不疚。不疚則功業顯于四方。巍然煥然。故光明。中爻離。光明之象。此又卦體所履之善。非聖人不足以當之。故文王言履虎尾。孔子言履帝位。

象曰上天下澤履君子以辨上下定民志

君子觀履之象。辨上下之分。上下之分既辨。則民志自定。上自安其上之分。下自安其下之分矣。

初九素履往无咎

素者白也空也。無私欲汚濁之意。素履卽中庸素位而行。舜飯糗茹草若將終身。顔子陋巷不改其樂是也。往者進也。陽主于進。故曰往。○初九陽剛在下本無陰私。當履之初又無外物所誘。葢素位而行者也。故有素履之象。以是而往必能守其所願之志而不變。履之善者也。故占者无咎。

象曰素履之往獨行願也

獨有人所不行而已獨行之意願即中庸不願乎外之願言初九素位而行獨行已之所願而不願乎其外也中庸素位二句盖本周公素履之爻云

九二履道坦坦幽人貞吉

履道坦坦依乎中庸不索隱行怪也幽獨之人多是賢者過之能履道坦平不過乎高而驚世駭俗則貞吉矣變震爲足履之象也又爲大塗道坦坦之象也幽對明言中爻離明在上則下爻爲幽矣三畫卦二爲人位幽人之象也故歸妹中爻離九

二亦以幽人言之。履以和行。禮之用和爲貴。所以本卦陽爻處陰位。如上九則元吉者。以嚴而有和也。二與四同。二坦坦而四愬愬者。二得中而四不得中也。二與五皆得中位。二貞吉而五貞厲者。二以剛居柔。五以剛居剛也。○九二剛中居柔。上無應與。故有履道坦坦之象。幽人如此。正而且吉之道也。故占者貞吉。

象曰幽人貞吉中不自亂也

有此中德。心志不自雜亂。所以依中庸而貞吉。世之富貴外物又豈得而動之。

六三眇能視跛能履履虎尾咥人凶武人爲于大君

中爻巽錯震足。下離爲目。皆爲兌之毀折眇跛之象也。六畫卦三爲人位。正居兌口。人在虎口之中。虎咥人之象也。三變則六畫皆乾矣。以悅體而有文明。乃變爲剛猛武勇之象也。三人位武人之象也。曰武者對前未變離之文而言也。陽大陰小。陰變爲陽。大之象也。故坤卦用六以大終。變爲乾君。大君之象也。咥人不咥人之反。爲大君履帝位之反。○六三不中不正。柔而志剛。本無才德。而自用自專。不能明而強以爲明。不能行而強以爲行。以此履虎。必見傷害。故有是象。占者之凶可知矣。亦猶履帝位者。必德稱其位。而不疚。武人乃強暴之夫。豈可爲大君哉。徒自殺其軀而已。武人爲大君。又占中之象也。

象曰。眇能視。不足以有明也。跛能履。不足以與行也。咥人之凶。位不當也。武人爲于大君。志剛也。

不足有明與行。以陰柔之才。言位不當者。以柔居剛也。爻以位爲志。六三陰柔才弱而志剛。亦如師卦之六三。所以武人而欲爲大君。

九四履虎尾愬愬終吉

四應初。故履虎尾。愬愬、畏懼貌。四多懼。愬愬之象也。三以柔暗之才。而其志剛猛。所以觸禍。四以剛明之才。而其志恐懼。所以免禍。天下之理。原是如此。不獨象數然也。〇九四亦以不中不正履其虎尾。然以剛居柔。故能愬愬戒懼。其初雖不得即吉而終則吉也。

象曰愬愬終吉志行也

初曰獨行遠君也四曰志行近君也志行者柔順以事剛決之君而得行其志也始雖危而終則不危所謂終吉者此也蓋危者始平易之道原是如此故三之志徒剛而四之志則行

九五夬履貞厲

夬者決也慨然以天下之事為可為主張太過之意蓋夬與履皆乾兌上下相易之卦曰夬履者在履而當夬位也然彖辭與爻辭不同何也蓋彖辭

以履之成卦言上六爻皆未動也見其剛中正故善之爻辭則專主九五一爻而言以變爻而言也變離則又明燥而愈夬矣故不同在下位者不患其不憂患其不能樂故喜其履坦在上位者不患其不樂患其不能憂故戒其夬履二之坦則正而吉者喜之也五之夬則正而危者戒之也○九五以剛中而履帝位則有可夬之資而挾可夬之勢矣又下應兌體爲臣下者皆容悅承順故有夬履之象然有所恃必有所害雖使得正亦危道也故其

占爲貞厲。其戒深矣。

象曰夬履貞厲位正當也

有中正之德、而又當尊位。傷于所恃。又下卦悅體。因悅方成其夬。所以危之。九五亦言位正當。

上九視履考祥其旋元吉

視履作一句。與素履夬履同例。視者、回視而詳審也。中爻離目。視之象也。祥者、善也。三凶五厲。皆非善也。考其履之善。必皆天理之節文。人事之儀則。下文其旋是也。旋者、周旋折旋也。凡禮以義合而截然不可犯者謂之方猶人之步履折旋也以天合而怡然不可解者謂之圓猶人之步履周旋也禮雖有三千三百之多不過周旋折旋而已考其善于周旋折旋之間則周旋中規折旋中矩矣豈不元吉○上九當履之終前無所履可以回視其履矣故有視履之象能視其履則可以考其善矣考其善而中規中矩履之至善者也占者如是不惟吉而且大吉也

象曰元吉在上大有慶也

大即元。慶即吉。非元吉之外別有大慶。

䷊ 乾下坤上

泰者。通也。天地陰陽相交而和。萬物生成。故為泰。小人在外。君子在內。泰之象也。序卦履而泰然後安。故受之以泰。所以次履。此正月之卦。

泰小往大來吉亨

小謂陰。大謂陽。往來以內外之卦言之。由內而之外曰往。由外而之內曰來。否泰二卦同體。文王相綜為一卦。故雜卦曰。否泰反其類也。小往大來者。

言否內卦之陰往而居泰卦之外外卦之陽來而居泰卦之內也。

一

彖曰泰小往大來吉亨則是天地交而萬物通也上下交而其志同也內陽而外陰內健而外順內君子而外小人君子道長小人道消也

則是二字直管至消也。天地以氣交。氣交而物通者。天地之泰也。上下以心交。心交而志同者。上下之泰也。陰陽以氣言。健順以德言。此二句造化之小往大來也。君子小人以類言。此三句人事之小

往大來也○內外釋往來之義○陰陽健順君子小人○釋大小之義○

象曰天地交泰后以財成天地之道輔相天地之宜以左右民

后元后也○道就其體之自然而言○宜就其用之當然而言○財成者、因其全體而裁制使不過○如氣化流行○籠統相續○聖人則爲之裁制○以分春夏秋冬之節○地勢廣邈○經緯交錯○聖人則爲之裁制以分東西南北之限○此裁成天地之道也○輔相者、隨其

所宜而賛助其不及。如春生秋殺。此時運之自然
高黍下稻。亦地勢之所宜。聖人則輔相之。使當春
而耕。當秋而斂。高者種黍。下者種稻。此輔相天地
之宜也。左右者扶植之意。扶植以遂其生。俾其亦
如天地之通泰也。陽左陰右有此象。故曰左右。
初九拔茅茹以其彙句征吉
變巽爲陰木。草茅之象也。茹者根也。初在下。根之
象也。彙者類也。與蝟字同。似豪猪而小。滿身毛刺。
同類多。故以彙爲類。拔茅茹以其彙者。言拔一茅

則其根茹牽連同類而起也征者仕進之意○當泰之時三陽同體有拔茅茹以其彙之象占者同德牽連而往則吉矣

象曰拔茅征吉志在外也

志在外卦之君故征吉

九二包荒用馮河不遐遺朋亡得尚于中行馮音憑

包字詳見蒙卦包荒者包乎初也初爲草茅荒穢之象也因本卦小往大來陽來乎下故包初馮河者二變則中爻成坎水矣河之象也河水在前乾

健利涉大川之象也。用馮河者，用馮河之勇往也。二居柔位，故教之以勇。二變與五隔河，若馮河而往，則能就乎五矣。二與初爲遐，隔三四與五爲遐。不遐遺者，不遺乎五也。朋者，初也。三陽同體，牽連而進，二居其中，朋之象也。故咸卦中爻成乾，四居乾之中，亦曰朋從。朋亡者，亡乎初而事五也。尚者，尚往而事五也。中行指六五，五小象曰中以行願是也。卦以上下交爲泰，故以尚中行爲辭。曰得尚者，慶幸之辭也。若惟知包乎荒，則必不能馮河而就五矣○必遐遺乎五矣○必不能亡朋矣○用馮河以下○聖人教占者之辭○陽來居內○不向乎外○有惟知包乎內卦之初○遐遺乎外卦君上之象○故聖人于初教之以征○于二教之以尚○舊註不識象○所以失此爻之旨○當泰之時○陽來于下○不知有上○故九二有包初之象○然二五君臣同德○天下太平○賢人君子○正當觀國用賓之時○故聖人教占者用馮河之勇○以奮其必爲之志○不可因遐而忘遠○若能忘其所遐之朋○得尚往于中行之君○以共濟其

泰則上下交而其志同可以收光大之事業而泰道成矣。故其象占如此。

象曰包荒得尚于中行以光大也

曰包荒兼下三句而言也。孔子小象多是如此。捨相比溺愛之朋。而尚往以事中德之君。豈不光明正大。乾陽大之象也。變離光之象也。

九三无平不陂无往不復艱貞无咎勿恤其孚于食有福陂碑爲反

陂傾邪也无平不陂。以上卦地形險夷之理言。無往不復。以下卦天氣往來之理言。艱者勞心焦思不敢慢易之意。貞者謹守法度。不敢邪僻般樂之意。恤者憂也。孚者信也。勿恤其孚者。不憂此理之可信也。食者吞于口而不見也。福者福祿也。有福者我自有之福也。食有福者。天祿永終之意。乾之三爻乾乾惕若。厲艱貞无咎之象也。變兌爲口食之象也。○三當泰將極而否將來之時。聖人戒占者曰居今泰之世者。承平既久。可謂平矣。無謂平而不陂也。陰往陽來。可謂往矣。無謂往而不復也。

今三陽既盛正將陂將復之時矣故必艱貞而守正庶可保泰而无咎若或不憂此理之可信不能艱貞以保之是自食盡其所有之福祿矣可畏之甚也故戒占者以此

象曰无往不復天地際也

際者交際也外卦地內卦天天地否泰之交會正在九三六四之際也

六四翩翩不富以其鄰不戒以孚

此爻正是陰陽交泰翩翩飛貌言三陰群飛而來

也。小畜曰富者。乃陽爻也。此曰不富者。乃陰爻也。泰否相綜。中爻巽。巽為市利三倍。富之象也。又為命令。戒之象也。言不待倚之以富而其鄰從之者甚于從富。不待戒之以令。而其類信之者。速于命令也。從者從乎陽也。信者信乎陽也。言陰交泰乎陽也。陽欲交泰乎陰。故初曰征。二曰尚。陰欲交泰乎陽。故四曰不富以鄰。不戒以孚。言乃中心願乎陽也。五曰帝乙歸妹。言行願乎陽也。此四爻正陰陽交泰。所以說兩箇願字。彖辭上下交而其志同。

正在于此若三與上雖正應然陰陽之極不成交泰矣故三陽之極則曰无往不復所以防城復于隍于其始六陰之極則曰城復于隍所以表无往不復于其終二復字相應○六四柔順得正當泰之時陰向乎内已交泰乎陽矣故有三陰翩翩不富不戒之象不言吉凶者陰方向内其勢雖微然小人已來于内矣固不可以言吉然上有以祉元吉之君上下交而其志同未見世道之否又不可以言凶也

象曰翩翩不富皆失實也不戒以孚中心願也

皆失實者。陰虛陽實。陰往于外已久。三陰皆失其陽矣。今來與陽交泰。乃中心之至願也。故不戒而自孚。

六五帝乙歸妹以祉元吉

中爻三五為雷。二四為澤。有歸妹之象。故曰歸妹因本卦陰陽交泰。陰居尊位而陽反在下。故象以此也。帝乙即高宗。箕子之例。祉者福也。以祉者以此得祉也。即泰道成也。○泰已成矣。陰陽交會。五

一以柔中而下應二之剛中上下交而其志同故有王姬下嫁之象蓋享太平之福祉而元吉者占者如是亦祉而元吉矣

象曰以祉元吉中以行願也

中者中德也陰陽交泰乃其所願故二曰尚五曰歸一徃一來之意也二曰中行五曰中行願上下皆中正所謂上下交而其志同也四與陽心相孚契故曰中心願五下嫁于陽則見諸行事矣故曰行願惟得行其願則泰道成矣所以元吉

上六城復于隍勿用師自邑告命貞吝

坤爲土。變艮亦土。但有離象中虛外圍。城之象也。既變爲艮則爲徑路。爲門闕。爲果蓏。城上有徑路如門闕。又生草木。則城傾圮不成其城矣。復于隍之象也。程子言掘隍土積累以成城。如治道積累以成泰。及泰之終。將反于否。如城土傾圮。復于隍是也。此復字正應无往不復復字。師者興兵動衆以平服之也。坤爲衆。中爻爲震。變爻象離。爲戈兵、衆動戈兵師之象也。與復上六同、中爻兌。口告之象也兑綜巽其命之象也自者自近以及遠也邑字詳見謙卦○上六當泰之終承平既久泰極而否故有城復于隍之象然當人心離散之時若復用師以平服之則勞民傷財民益散亂故戒占者不可用師遠討惟可自一邑親近之民播告之漸及于遠以諭其利害可也此收拾人心之舉雖亦正固然不能保邦于未危之先而罪已下詔于既危之後亦可羞矣故其占者如此

象曰城復于隍其命亂也

命即可以寄百里之命命字謂政令也蓋泰極而否雖天運之自然亦人事之致然惟其命亂所以復否聖人于泰終而歸咎于人事其戒深矣

䷋ 坤下 乾上

否者閉塞不通也卦象卦德皆與泰反序卦物不可以終通故受之以否所以次泰此七月之卦

否之匪人不利句君子貞大往小來

否之匪人與履虎尾同人于野艮其背同例卦辭惟此四卦與卦名相連否之匪人者言否之者非

人也乃天也即大往小來也不利者即彖辭萬物
不通天下无邦道長道消也君子貞者即儉德避
難不可榮以祿也不言小人者易爲君子謀也大
往小來者否泰相綜泰內卦之陽往而居否之外
外卦之陰來而居否之內也文王當殷之末世親
見世道之否所以發匪人之句後來孔子居春秋
之否乃曰道之將行也與命也道之將廢也與命
也孟子居戰國之否乃曰莫之爲而爲者天也莫
之致而至者命也皆宗文王否之匪人之句否之

匪人者天數也。君子貞者人事也。所以孔孟進以禮。退以義。惟守君子之貞。程朱以爲非人道也。似無道字意。誠齋以爲用非其人。似無用字意。不如只就大往小來說。○言否之者非人也。乃天也。否由于天。所以占者不利。丁否運之君子。欲濟其否。豈容智力于間哉。惟當守其正而已。何也。大往小來。匪人也。乃天運之自然也。天運旣出于自然。君子亦將爲之何哉。故惟當守其正而已。

彖曰否之匪人不利君子貞大往小來則是天地不

交而萬物不通也上下不交而天下无邦也內陰而外陽內柔而外剛內小人而外君子小人道長君子道消也

釋大往小來四字。與泰卦同。上自爲上。下自爲下。則雖有邦國。實與無邦國同矣。故天下无邦。

象曰天地不交否君子以儉德辟難不可榮以祿辟音避難去聲

儉者儉約其德。斂其道德之光也。坤爲吝嗇。儉之象也。辟難若避小人之禍也。三陽出居在外。避難之象也。不可榮以祿者、人不可得而榮之以祿也。
非戒辭也。言君若不儉德。則人因德而榮祿。小人忌
之禍即至矣。今既儉德。人不知我。則不榮以祿。故
不榮。以祿者正。所以避難也。

初六拔茅茹以其彙貞吉亨

變震為蕃。茅茹之象也。否綜泰。故初爻辭同。貞者、
上有九五剛健中正之君。三陰能牽連而志在于
君則貞矣。蓋否之時能從乎陽。是小人而能從君
子。豈不貞。○初在下。去陽甚遠。三陰同體。故有拔

茅茹以其彙之象。當否之時。能正而志在于休否之君。吉而且亨之道也。故教占者以此。

象曰拔茅貞吉志在君也

貞者以其志在于君也。故吉。泰初九曰志在外。此變外爲君者。泰六五之君。柔不如否之剛健中正。得稱君也。

六二包承小人吉大人否亨

包承者包乎初也。二乃初之承。曰包承者。猶言將承包之也。大來乎下。故曰包荒。小來乎下。故曰包承。既包乎承。則小人與小人爲群矣。小人與小人爲群。大人與大人爲群。不相干涉。不相傷害矣。否者不榮以祿也。○當否之時。小來乎下。故六二有包承之象。既包乎承。則小人爲群。不上害乎大人矣。故占者在小人則有不害正之吉。在大人則身否而道亨也。

象曰大人否亨不亂群也

陰來乎下。陽往乎上。兩不相交。故不亂群。

六三包羞

包者包乎二也。三見二包乎其初。三即包乎二。殊不知二隔乎陽。故包同類。若三則親比乎陽矣。從陽可也。乃不從陽。非正道矣。可羞者也。故曰包羞。○六三不中不正。親比乎陽。當小來于下之時。止知包乎其下矣。而不知上有陽剛之大人在也。乃舍四之大人。而包二之小人。羞孰甚焉。故有是象。占者之羞可知矣。

象曰包羞位不當也

位不當者。柔而志剛。不能順從乎君子。故可羞。

九四有命无咎疇離祉

變巽爲命。命之象也。有命者受九五之命也。四近君。居多懼之地。易于獲咎。今變巽順。則能從乎五矣。故有命无咎。疇者同類之三陽也。離者麗也。離祉者。附麗其福祉也。○九四當否過中之時。剛居乎柔。能從乎休否之君。同濟乎否。則因大君之命而濟否之志行矣。故不惟在我无咎。獲一身之慶。而同類亦並受其福也。故其象占如此。

象曰有命无咎志行也

濟否之志行。

九五休否大人吉其亡其亡繫于苞桑

休否者休息其否也。其亡其亡者念念不忘其亡。惟恐其亡也。人依木息曰休。中爻巽木。五居木之上。休之象也。巽爲陰木。二居巽之下。陰木柔桑之象也。巽爲繩。繫之象也。叢生曰苞。叢者。聚也。柔條細弱。群聚而成叢者也。此爻變離合坎。爲叢棘苞之象也。桑止可取葉養蠶。不成其木。已非樟楠松栢之大矣。又況叢聚而生。則至小而至柔者也。以國家之大。不繫于磐石之堅固。而繫于苞桑之柔小。危之甚也。卽危如累卵之意。此二句有音韻。或古語也。○九五陽剛中正。能休時之否。大人之事也。故大人遇之則吉。然下應乎否。惟休否而已。未傾否也。故必勿恃其否之可休。勿安其休之爲吉。兢業戒懼。念念惟恐其亡。若國家繫于苞桑之柔小。常畏其亡而不自安之象。如此則否休而漸傾矣。故教占者必儆戒如此。繫于苞桑。又其亡其亡之象也。

象曰大人之吉位正當也

有中正之德。而又居尊位。與夬履同者。亦恐有所恃。故爻辭有其亡其亡之句。

上九傾否先否後喜

上爻言休息其否。則其否猶未盡也。傾者。倒也。與鼎之顛趾同。言顛倒也。本在下而今反上也。否泰乃上下相綜之卦。泰陰上陽下。泰終則復隍。陽反在上而否矣。否陽上陰下。否終則傾倒。陰反在上而泰矣。此傾字之意也。復隍復字。應無往不復復字○傾否傾字應無平不陂陂字○陂者傾邪也○周公爻辭○其精極矣○變兊成悅○喜之象也○上九以陽剛之才○居否之終○傾時之否○乃其優爲者○故其占爲先否後喜○

象曰否終則傾何可長也

言無久否之理○

易經集註卷之三終

梁山來知德先生易經集註卷之四

平山後學崔華重訂　男 繼山 代山 藹山 齊同校

☰☲ 離下乾上

同人者與人同也。天在上。火性炎上。上與天同。同人之象也。二五皆居正位。以中正相同。同人之義也。又一陰而五陽欲同之。亦同人也。序卦物不可以終否。故受之以同人。所以次否。

同人于野亨利涉大川利君子貞

彖辭明。

彖曰同人柔得位得中而應乎乾曰同人同人曰同人于野亨利涉大川乾行也文明以健中正而應君子正也唯君子爲能通天下之志

以卦綜釋卦名。以卦德卦體釋卦辭。同人大有二卦同體。文王綜爲一卦。故雜卦曰。大有衆也。同人親也。柔得位得中者。八卦正位離在二、今大有上卦之離。來居同人之下卦。則不惟得八卦之正位。又得其中而應乾九五之中正也。下與上相同。故名同人。卦辭同人于野者。六二應乎乾。乾在外卦。

乃野外也。故曰于野。乾行指利涉大川一句。蓋乾剛健中正。且居九五之位。有德有位。故可以濟險難。同人于野。雖六二得位得中所能同。至于濟險難。則非六二陰柔所能也。故曰乾行。猶言乾之能事也。本卦錯師。有震木坎水象。所以利涉大川。曰乾行者。不言象而言理也。內文明則能察于理。外剛健則能勇于義。中正則內無人欲之私。應乾則外合天德之公。文明以健。以德言。中正而應。以爻言。此四者皆君子之正道也。惟君子于能通天下之

志者君子即正也。同人于野者六二也。利涉大川
者乾也。君子貞則總六二九五言之。○六二應乎
九五之乾。固名同人矣。然同人卦辭乃曰同人于
野。亨。利涉大川。何也。蓋六二應乾固亨矣。至于利
涉大川。非六二也。乃乾也。曰利君子貞者何也。蓋
內外卦皆君子之正。所以利君子正。天下之理。正
而已矣。人同此心。同此理。億兆之衆。志雖不同。惟
此正理。方可通之。方可大同。人心若私邪不正。安
能有于野之亨而利涉哉。此所以利君子貞也。

象曰天與火同人君子以類族辨物

類族者。于其族而類之。如父毋之類。皆三年之喪。兄弟之類。皆期年之喪是也。辨物者。于其物而辨之。如三年之喪。其服之麻極粗。期年之喪稍粗。以下漸細是也。如是則同軌同倫。道德可一。風俗可同。亦如天與火不同而同也。凡大象。皆有功夫。故曰君子以。以者用也。若以類族爲人。士爲士族。農爲農族。以辨物爲物物。螺爲螺物。羽爲羽物。則君子以三字無安頓而托空矣。

初九同人于門无咎

變艮為門。門之象也。于門者。謂于門外也。門外雖非野之可比。然亦在外。則所同者廣而無私昵矣。○初九以剛正居下。當同人之初。而上無係應。故有同人于門之象。占者如是。則無咎也。

象曰出門同人又誰咎也

所同者廣。而無偏黨之私。又誰有咎我者。

六二同人于宗吝

凡離變乾而應乎陽者。皆謂之宗。盖乾乃六十四卦陽爻之祖。有祖則有宗。故所應者爲宗。若原是乾卦。則本然之祖。見陽不言宗。惟新變之乾。則新成祖矣。所以見陽言宗也。故睽卦六五亦曰宗。統論一卦。則二五中正相應。所以亨。若論二之一爻。則是陰欲同乎陽矣。所以可羞。如履卦彖辭履帝位而不疚。至本爻則貞厲。皆此意。○同人貴無私。六二中正。所應之五亦中正。然卦取同人。陰欲同乎陽。臣妾順從之道也。溺于私而非公矣。豈不羞。故其象占如此。

象曰同人于宗吝道也

陰欲同乎陽所私在一人可羞之道也

九三伏戎于莽升其高陵三歲不興

離錯坎爲隱伏伏之象也中爻巽爲入亦伏之象也離爲戈兵戎之象也莽草也中爻巽爲陰木草之象也中爻巽爲股三變爲震足股足齊動升之象也巽爲高高同之象也三變中爻艮陵之象也離居三三之象也興發也伏戎于莽者伏其五之兵也升其高陵者窺其二之動也對五而言三在五

之下。故曰伏。對二而言。三在二之上。故曰升。○九三剛而不中。上無應與。欲同于二。而二乃五之正應。恐九五之見攻。故伏兵于草。升高以望。將以敵五而攘二。然以理言。二非正應。理不直。以勢言。五居尊位。勢不敵。故至三年之久。而終不發。其象如此。以其未發。故占者不言凶。

象曰。伏戎于莽。敵剛也。三歲不興。安行也。

所敵者既剛且正。故伏藏。三歲不興者。以理與勢俱屈。安敢行哉。故不能行。蓋行者即興。動而行也。

安者安于理勢而不興也。故曰安行。安行即四困則之意。

九四乘其墉弗克攻吉

墉，牆也。離中虛外圍，墉之象也。解卦上六變離，亦曰墉；泰卦上六變艮，大象離，曰城：皆以中空外圍也。此則九三為六二之墉，九四在上，故曰乘。二、四皆爭奪，非同人矣，故不言同人。三惡五之親二，故有犯上之心；四惡二之比三，故有陵下之志。六二其三國之荆州乎。○四不中正，當同人之時，無應與亦欲同于六二。三爲二之墉。故有乘墉攻二之象。然。以剛居柔。故又有自反而弗克攻之象。能如是。則能改過矣。故占者吉。

象曰。乘其墉。義弗克也。其吉。則困而反則也。

義者。理也。則者。理之法則也。義理不可移易。故謂之則。當同而同者。理也。亦法則也。不當同而不同者。理也。亦法則也。困者。困窮也。即困而知之之困也。四剛強。本欲攻二。然其志柔。又思二乃五之正應。義不可攻。欲攻不可攻。二者交戰。往來于此心。

故曰困困之一字。非孔子不能說出九四之心也。若生而知之。知其不可攻。學而知之。知其不可攻。則此心不困矣。言乘其墉矣。豈其力之不足哉。特以義不可同。故弗克攻耳。其吉者則困困于心而反于義理之法則也。困困則改過矣。故吉。義弗克正理也。困而反則九四功夫也。

九五同人先號咷而後笑大師克相遇 號平聲

火無定體。曰鼓缶而歌。而嗟。出涕沱若。中孚象離。曰或泣或歌。九五又變離。故有此象。先號咷後笑者。本卦六爻未變。離錯坎爲加憂。九五隔于三四。故憂而號咷。及九五變。則中爻爲兌悅。故後笑。旅先笑後號咷者。本卦未變。中爻兌悅。故先笑。及上九變。則悅體震動。成小過災眚之凶矣。故後號咷。必用大師者。三伏莽。四乘墉。非大師豈能克。此爻變離。中爻錯震。戈兵震動。師之象也。九五陽剛之君。陽大陰小。大師之象也。且本卦錯師。亦有師象。

○九五六二以剛柔中正相應。本同心者也。但爲三四強暴所隔。雖同矣。不得遂與之同。故有未同時不勝號咷。既同後不勝喜笑之象。故聖人教占者曰。君臣大分也。以臣隔君。大逆也。當此之時。為君者宜興大師。克乎強暴。後方遇乎正應而後可。若號咷則失其君之威矣。故教占者占中之象又如此。

象曰同人之先以中直也大師相遇言相克也

先者、先號咷也。以者、因也。中直與困卦九五中直同。即中正也。言九五所以先號咷者。以中正相應。必欲同之也。相克者。九五克三四也。

上九同人于郊无悔

乾爲郊郊之象也詳見需卦國外曰郊郊外曰野皆曠遠之地但同人于野以卦之全體而言言大同則能亨也故于野取曠遠大同之象此爻則取曠遠無所與同之象各有所取也○上九居同人之終又無應與則無人可同矣故有同人于郊之象既無所同則亦無所悔故其占如此

象曰同人于郊志未得也

無人可同則不能通天下之志矣志未得正與通

天下之志相反。

䷍ 乾下離上

大有者所有之大也。火在天上。萬物畢照。所照皆其所有。大有之象也。一柔居尊。衆陽並從。諸爻皆六五之所有。大有之義也。序卦與人同者物必歸焉。故受之以大有。所以次同人。

大有元亨

彖辭明

彖曰大有柔得尊位大中而上下應之曰大有其德

剛健而文明應乎天而時行是以元亨

以卦綜釋卦名。以卦德卦體釋卦辭。大有綜同人。柔得尊位而大中者。同人下卦之離。往于大有之上卦。得五之尊位。居大有之中。而上下五陽皆從之也。上下從之。則五陽皆其所有矣。陽大陰小。所有者皆陽。故曰大有。內剛健則克勝其私。自誠而明也。外文明則灼見其理。自明而誠也。上下應之者。衆陽應乎六五也。應天時行者。六五應乎九二也。時者當其可之謂。天即理也。天之道不外時而已應天時行如天命有德則應天而時章之天討有罪則應天而時用之是也乾爲天因應乾故發此句時行卽應天之實非時行之外別有應天也剛健文明者德之體應天時行者德之用有是德之體用則能享其大有矣是以元亨

象曰火在天上大有君子以遏惡揚善順天休命

火在天上無所不照則善惡畢照矣遏惡者五刑五用是也揚善者五服五章是也休美也天命之性有善無惡故遏惡揚善者正所以順天之美命

也。

初九无交害匪咎艱則无咎

害者害我之大有也。離為戈兵。應爻戈兵在前。惡人傷害之象也。故睽卦離在前。亦曰見惡人。夫乃同體之卦。二爻變離。亦曰莫夜有戎。初居下位。以凡民而大有家肥屋潤。人豈無害之理。離火尅乾金。其受害也必矣。無交害者。去離尚遠。未交離之境也。九三交離境。故曰小人害也。九三害字從此害字來。匪咎者。人來害我。非我之咎也。艱者。艱難以保其大有。如夬之惕號也。○初九居卑。當大有之初。應爻離火。必有害我之乾金者。然陽剛得正。去離尚遠。故有無交害匪咎之象。然或以匪咎而以易心處之。則必受其害矣。惟艱則可保其大有而無咎也。故又教占者以此。

象曰大有初九无交害也

時大有而當其初。所以去離遠而無交害。

九二大車以載有攸往无咎

乾錯坤爲大輿。大車之象也。陽上行之物。車行之象也以者用也。用之以載也。變離錯坎坎中滿以載之象也大車以載之。重。九二能任重之象也。二變中爻成巽。巽爲股。巽錯震震爲足。股足震動。有攸往之象也。○九二當大有之時。中德蓄積充實富有。乃應六五之交孚。故有大車以載之象。有所往而如是。則可以負荷其任。佐六五虛中之君。共濟大有之盛。而無咎矣。故其占如此。

象曰。大車以載。積中不敗也

乾三連陽多之卦皆曰積。積聚之意。小畜夬皆五陽一陰同體之卦。故小畜曰積德載。此曰以載。而又曰積中者。言積陽德而居中也。則小畜之積德載愈明矣。夫九二小象曰。得中道也。小畜九二小象曰。牽復在中。皆此中之意。敗字在車上來。乾金遇離火。必受尅而敗壞。故初曰無交害。三曰小人害。則敗字雖從車上來。亦害字之意。曰中德所以不敗壞也。曰積中不敗。則離火不燒金。六五厥孚交如。與九二共濟大有之太平矣。

九三公用亨于天子小人弗克

三居下卦之上故曰公五雖陰爻然居天位二非正應故稱天子亨者陽剛居正不以大有自私亨之象也卦本元亨故曰亨用亨于天子者欲出而有爲以亨六五大有之治也九二中德止曰大車以載不言亨于天子而九三反欲亨于天子何也蓋九三才剛志剛所以用亨天子也同人大有相綜之卦同人三四皆欲同乎二所以大有二三皆欲共濟五之大有也小人指四也弗克者不能也三欲亨于天子四持戈兵阻而害之因此小人所

以弗克亨于天子也。蓋大有之四。即同人之三。四持戈兵。即三之伏戎也。二三變爲睽。輿曳牛掣。即小人之阻。不得用亨也。舊註作享者。非。用亨天子。猶言出而使天子亨大有之亨也。○九三當大有之時。亦欲濟亨通之會。亨于天子。而共保大有之治者也。但當離乾交會之間。金受火制。小人在前。不能遽達。故有弗克亨于天子之象。占者得此。不當如九二之有攸往也可知矣。

象曰公用亨于天子小人害也

因小人害所以弗克亨于天子。周公之無交害者。初之遠于四也。孔子之小人害者。三之近于四也。

九四匪其彭。无咎。

彭鼓聲。又盛也。言聲勢之盛也。四變中爻爲震。震爲鼓。彭之象也。變艮土。其盛之象也。○九四居大有之時。已過中矣。乃大有之極盛者也。近君豈可極盛。然以剛居柔。故有不極其聲勢之盛之象。無咎之道也。故其占如此。

象曰。匪其彭无咎。明辨晢也。

晢明貌晢晢然其明辨也離明之象也明辨者辨其所居之地乃别嫌多懼之地辨其所遇之時乃盛極將衰之時也

六五厥孚交如威如吉

威如者恭已無爲平易而不防閑備具特有人君之威而已因六五其體文明其德中順又有陽剛群賢輔之即舜之無爲而治矣所以有此象○六五當大有之世文明中順以居尊位虛已誠信以任九二之賢不惟九二有孚于五而上下之陽亦

皆以誠信歸之。是其孚信之交，無一毫之僞者也。是以爲六五者賴群賢以輔治，惟威如而已。此則不言而信，不怒而民威于鈇鉞，蓋享大有太平之福者也。何吉如之。故其象占如此。

象曰：厥孚交如，信以發志也。威如之吉，易而無備也。

誠能動物，一人之信，足以發上下相信之志也。易而無備者，凡人君任賢圖治，若機心深刻，而過于防閑，預備，則易生嫌隙，決不能與所任用之賢。厥孚交如矣。惟平易而不防備，則任賢勿貳，去邪勿疑。方可亨無爲之治矣。威如即恭己易而無備即無爲。若依舊註作戒辭。則小象止當曰威如則吉。不應曰威如之吉也。

上九自天祐之吉无不利

上九以剛明之德。當大有之盛。既有崇高之富貴而下有六五柔順之君。剛明之群賢輔之。上九蓋無所作爲。惟享自天祐助之福。吉而無不利者也。占者有是德居是位。斯應是占矣。

象曰大有上吉自天祐也

言皆天之祐助。人不可得而爲也。上居天位。故曰天。此爻止有天祐之意。若繫辭又別發未盡之意也。如公用射隼止有解悖之意。若成器而動。又未盡之意也。言各不同。皆發未盡之意。舊註泥于繫辭者非。

䷎ 艮下坤上

謙者。有而不居之義。山之高。乃屈而居地之下。謙之象也。止于其內而收斂。不伐。順乎其外而卑以下人。謙之義也。序卦。有大者不可以盈。故受之以謙。故次大有。

謙亨君子有終

君子三也詳見乾卦三爻艮終萬物。故曰有終。彖辭明

彖曰謙亨天道下濟而光明地道卑而上行天道虧盈而益謙地道變盈而流謙鬼神害盈而福謙人道惡盈而好謙謙尊而光卑而不可踰君子之終也上時掌反

濟者。施也。天位乎上。而氣則施于下也。光明者。往

成萬物化育昭著而不可掩也卑者地位乎下也上行者地氣上行而交乎天也天尊而下濟謙也而光明則亨矣地卑謙也而上行則亨矣此言謙之必亨也虧盈益謙以氣言變盈流謙以形言變者傾壞流者流注卑下之地而增高也害盈福謙以理言惡盈好謙以情言此四句統言天地鬼神人三才皆好其謙見謙之所以亨也踰者過也言不可久也尊者有功有德謙而不居則功德愈光亦如天之光明也卑者有功有德謙而不居愈見

其不可及。亦如地之上行也。夫以尊卑之謙。皆自屈于其始。而光而不可踰。皆自伸于其終。此君子之所有終也。

象曰。地中有山謙。君子以裒多益寡。稱物平施。

上下五陰。地之象也。一陽居中。地中有山之象也。五陰之多。人欲也。一陽之寡。天理也。君子觀此象裒其人欲之多。益其天理之寡。則廓然太公。物來順應。物物皆天理。自可以稱物平施。無所處而不當矣。裒者減也。

初六謙謙君子用涉大川吉

凡易中有此象而無此事無此理者。于此爻涉大川見之。盖金車玉鉉之類也。周公立爻辭止因中爻震木在坎水之上。故有此句。而今就文依理只得說能謙。險亦可濟也。〇六柔謙德也。初卑位也。以謙德而居卑位。謙而又謙也。君子有此謙德以之濟險亦吉矣。故占者用涉大川亦吉。

象曰謙謙君子卑以自牧也

牧養也。謙謙而成其君子何哉。盖九三勞謙君子萬民所歸服者也。二竝上與六二俱鳴其謙。四則撝裂其謙。五因謙而利侵伐。初居謙之下。位已卑矣。何所作爲哉。惟自養其謙德而已。

六二鳴謙貞吉

本卦與小過同。有飛鳥遺音之象。故曰鳴。豫卦亦有小過之象。亦曰鳴。又中爻震爲善鳴。鳴者陽唱而陰和也。荀九家以陰陽相應故鳴。得之矣。故中孚錯小過。九二曰鶴鳴在陰。又曰翰音登于天。皆有鳴之意。鶴鳴。小象曰中心願也。此曰中心得也。

言二與六三中心相得所以相唱和而鳴也若舊註以謙有聞則非鳴謙乃謙鳴矣若傳以德充積于中見于聲音則上六鳴謙其志未得與鳴豫之凶皆說不去矣○六二柔順中正相比于三三蓋勞謙君子也三謙而二和之與之相從故有鳴謙之象正而且吉者也故其占如此

象曰鳴謙貞吉中心得也

言六二與三中心相得非勉強唱和也

九三勞謙君子有終吉

勞者。勤也。卽勞之來之之勞。中爻坎爲勞卦。雜繫辭去聲讀。然同此勞字也。又中爻水木有井象。君子以勞民勸相。此勞字之象也。艮終萬物。三居艮之終。故以文王卦辭君子有終歸之。八卦正位艮在三。所以此爻極善。有終。卽萬民服。舊註因繫辭有功而不德句。遂以爲功勞。殊不知勞乎民。後方有功。此爻止有勞而不伐意。故萬民服。○九三當謙之時。以一陽而居五陰之中。陽剛得正。盖能勞乎民而謙者也。然雖不伐其勞。而終不能掩其勞。

萬民歸服。豈不有終。故占者吉。

象曰勞謙君子萬民服也

陰爲民。五陰故曰萬民。衆陰歸之故曰服。

六四无不利撝謙

撝者。裂也。兩開之意。六四當上下之際。開裂之象也。撝謙者。以撝爲謙也。凡一陽五陰之卦。其陽不論位之當否。皆尊其陽而卑其陰。如復之元吉。師之錫命。豫之大有得。比之顯比。剥之得輿。皆尊其陽。不論其位也。六四才位皆陰。九三勞謙之賢。正萬民歸服之時。故開裂退避而去。非舊註更當發揮其謙也。○六四當謙之時。柔而得正。能謙者也。故無不利矣。但勞謙之賢在下。不敢當陽之承。乃避三而去之。故有以撝爲謙之象。占者能此。可謂不違陰陽之則者矣。

象曰无不利撝謙不違則也

則者。陽尊陰卑之法則也。撝而去之。不違尊卑之則矣。

六五不富以其鄰利用侵伐无不利

陽稱富。小畜五陽。故小象曰不獨富也。陰皆不富。故泰六四亦曰不富。富與鄰皆指三。以者用也。中爻震爲長子。三非正應。故稱鄰。言不用富厚之力。但用長子帥師。而自利用侵伐也。坤爲衆。中爻震。此爻變離爲戈兵。衆動戈兵。侵伐之象。此象亦同初六用涉大川。但此則以變爻言也。上六利用行師亦此象。○五以柔居尊。在上而能謙者也。上能謙。則從之者衆矣。故有不富以鄰而自利用侵伐之象。然用侵伐者。因其不服而已。若他事亦無不利也。占者有此謙德。斯應是占矣。

象曰利用侵伐征不服也

侵伐非黷武。以其不服不得已而征之也。

上六鳴謙利用行師征邑國

凡易中言邑國者。皆坤土也。升卦坤在外。故曰升虛邑。晉卦坤在內。故曰維用伐邑。泰之上六曰自邑告命。師上六曰開國承家。復之上六曰以其國君凶。訟六二變坤曰邑人三百戶。益之中爻坤曰爲依遷國。夬下體錯坤曰告自邑。渙九五變坤曰濟王居此曰征邑國皆因坤土也○上六當謙之終與三爲正應見三之勞謙亦相從而和之故亦有鳴謙之象然六二中正既與三中心相得結親比之好則三之心志不在上六而不相得矣故止可爲將行師征邑國而已豈能與勞謙君子之賢相爲唱和其謙哉

象曰鳴謙志未得也可用行師征邑國也

志未得者上六與九三心志不相得也六二與上六皆鳴謙然六二中心得上六志未得所以六二

貞吉而上上六止利用行師也。

䷏ 坤下震上

豫者和樂也。陽始潛閉于地中。及其動而出地。奮發其聲。通暢和豫。豫之象也。内順外動。豫之由也。序卦有大而能謙必豫。故受之以豫所以次謙。

豫利建侯行師

震長子主器。震驚百里。建侯之象。中爻坎陷。一陽統衆陰。行師之象。屯有震無坤。則言建侯。謙有坤無震。則言行師。此震坤合。故兼言也。

彖曰豫剛應而志行順以動豫豫順以動故天地如之而況建侯行師乎天地以順動故日月不過而四時不忒聖人以順動則刑罰清而民服豫之時義大矣哉

以卦體卦德釋卦名卦辭而極言之。剛九四也。剛應者一陽而衆陰從之也。志行者陽之志得行也。剛應志行豫也。内順外動所以成其豫也。故名豫。人事合乎天理則順背乎天理則逆順以動則一念一事皆天理矣天地如之者言天地亦不過如人之順動也天地且不之違而况于人之建侯行師乎此其所以利也建侯行師雖大事較之天地則小矣天地以順動者順其自然之氣聖人以順動者順其當然之理不過者不差過也如夏至晝六十刻夜四十刻冬至晝四十刻夜六十刻之類是也不忒者不愆忒也如夏則暑冬則寒之類是也刑罰不合乎理惟乘一巳喜怒之私故民不服若順動則合乎天理之公縱有刑罰亦天刑也故民服時義者豫中事理之時宜也卽順動也此極

言而贊之也六十四卦時而已矣事若淺而有深意曰時義大矣哉欲人思之也非美事有時或用之曰時用大矣哉欲人別之也大事大變曰時大矣哉欲人謹之也

象曰雷出地奮豫先王以作樂崇德殷薦之上帝以配祖考

奮者奮發而成聲也作乃制禮作樂之作作樂以崇德故聞樂知德殷盛也作樂乃朝廷邦國之常典各有所主其樂不同惟萬物本乎天故有郊人

本乎祖。故有廟。是其用樂之最大者。故曰殷薦。故冬至祀上帝于圜丘。而配之以祖。必以是樂薦之。季秋祀上帝于明堂。而配之以考。必以是樂薦之。卦中爻坎爲樂律。樂之象。五陰而崇一陽。德崇德之象。帝出乎震。上帝之象。中爻艮爲門闕。坎爲隱伏。宗廟祖宗之象。

初六鳴豫凶

鳴詳見鳴謙。謙豫二卦同體。文王綜爲一卦。故雜卦曰。謙輕而豫怠也。謙之上六。即豫之初六。故二爻皆言鳴。震性動。又決躁。所以浚恒凶。飛鳥凶。

初六與九四爲正應。九四由豫。初據其應與之常。欲相從乎四而和之。故有鳴豫之象。然初位卑。四近君。乃權臣也。正其志大行之時。上下既懸絕。且初又不中正。應與之情乖矣。豈能與四彼此唱和其豫。不能唱和。初之志窮矣。凶之道也。故占者凶。

象曰。初六鳴豫。志窮凶也。

惟志窮所以凶。中孚鶴鳴子和。曰中心願也。六二鳴謙。曰中心得也。此心志相孚者也。上六鳴謙。曰志未得也。初六鳴豫曰志窮凶也。此心志不相孚者也。相孚者皆曰心不相孚者皆曰志。此所以爲聖人之言。

六二介于石不終日貞吉

凡物分爲兩間者曰介。二變剛。分坤爲兩間。介之象也。介于石者。言操守之堅。如石不可移易。中爻艮石之象也。不終日者。不溺于豫。見幾而作。不待其日之晩也。二變中爻離。且居下卦之上。不終日之象也。八卦正位坤在二。故貞吉。○豫易以溺人。

諸爻皆溺于豫。獨六二中正自守。安靜堅確。故有此象。正而且吉之道也。故其占如此。

象曰不終日貞吉以中正也

惟中正。故不終日。貞吉。

六三盱豫悔遲有悔

盱者。張目也。中爻錯離。目之象也。盱目以爲豫者。九四當權。三與親比。幸其權勢之足憑。而自縱其所欲也。盱與介。相反。遲與不終日。相反。二中正。三不中正故也。○四爲豫之主。六三陰柔不中不正。

而近于四。上視于四而溺于豫。宜有悔者也。故有此象。而其占爲事當速悔。若悔之遲。則過而不改。是謂過矣。此聖人爲占者開遷善之門。而勉之以速改也。

象曰。盱豫有悔。位不當也。

六三不中正。故位不當。

九四。由豫。大有得。勿疑朋盍簪。

由豫者。言人心之和豫。由四而致也。本卦一陽爲動之主。動而衆陰悅從。故曰由豫。大有得者。言得大行其志以致天下之豫也。四多疑懼，故曰疑。又中爻坎亦爲狐疑。勿疑者，中爻艮止，止而不疑之象也。因九四才剛明，故教之以勿疑也。盍者，合也。簪者，首笄也。婦人冠上之飾，所以總聚其髮者也。下坤婦人之象也，一陽橫于三陰之首，簪之象也。勿疑朋盍簪者，勿疑朋合于我者皆簪冠之婦人也。○九四一陽居五陰之中，衆所由以爲豫，故有由豫之象。占者遇此，故爲大有得。然人既樂從，正當得志之時，必展其大行之志，俾人人皆孚其和平豫大之福。勿疑由豫于我者。無同德之陽明。而所以朋合于上下內外者。皆陰柔之群小可也。故又教占者必不可疑如此。

象曰由豫大有得志大行也

剛應而無他爻以分其權。故曰志大行。

六五貞疾恒不死

中爻為坎。坎為心病。疾之象也。曰貞疾者。言非假疾。疾疾之在外而可以藥石者也。九四由豫。人心通歸于四。危之極矣。下卦坤為腹。九四居卦之中為心。即咸卦憧憧往來之爻也。此正腹中心疾。故謂之貞疾。恒者常也。言貞疾而常不死也。周室衰微此爻近之。○六五當豫之時。柔不能立。而又乘九四之剛。權之所主。衆之所歸。皆在于四。衰弱極矣。故有貞疾之象。然以其得中。故又有恒不死之象。即象而占可知矣。

象曰六五貞疾乘剛也恒不死中未亡也

雖乘四爲剛所逼。然柔而得中。猶存虛位不死。

上六冥豫成有渝无咎

冥者、幽也。暗也。上六以陰柔居豫極。爲昏冥于豫之象。成者、五陰同豫。至上六已成矣。然以動體變剛成離。則前之冥冥者。今反昭昭矣。故又爲其事雖成。然樂極哀生。不免有悔心之萌。而能改變之象。占者如是。則能補過矣。故無咎。

象曰。冥豫在上。何可長也。

豫已極矣。宜當速改。何可長溺于豫而不反也。

䷐ 震下兌上

隨者、從也。少女隨長男。隨之象也。隨綜蠱。以艮下

而爲震以巽上而爲兌隨之義也此動彼悅亦隨之義也序卦豫必有隨故受之以隨所以次豫

隨元亨利貞无咎

隨元亨然動而悅易至于詭隨故必利于貞方得無咎若所隨不貞則雖大亨亦有咎矣不可依穆姜作四德

彖曰剛來而下柔動而說隨大亨貞无咎而天下隨時隨時之義大矣哉

以卦綜卦德釋卦名又釋卦辭而賛之剛來而下

柔者隨蠱二卦同體文王綜爲一卦故雜卦曰隨無故也蠱則飭也言蠱下卦原是柔今艮剛來居于下而爲震是剛來而下于柔也動而悅者下動而上悅也時者正而當其可也言大亨貞而無咎者以其時也時者隨其理之所在理在于上之隨下則隨其下理在于下之隨上則隨其上泰則隨其時之泰否則隨其時之否禹稷顏回是也譬之夏可以衣葛則葛冬可以衣裘則裘隨其時之寒暑而已惟其時則通變宜民邦家無怨近悅遠來

故天下隨時。故即贊之曰隨時之義大矣哉。此與艮卦時字同。不可依王肅本時字作之字。觀尾句不曰隨之時義而曰隨時之義。文意自見。

象曰澤中有雷隨君子以嚮晦入宴息

嚮與向同。晦者日沒而昏也。宴息者宴安休息。即日入而息也。雷二月出地。八月入地。造化之理。有晝必有夜。有明必有晦。故人生天地。有出必有入。有作必有息。其在人心。有感必有寂。有動必有靜。此造化之自然。亦人事之當然也。故雷在地上則作樂薦帝。雷在地中則閉關不省方。雷在澤下。則向晦宴息。無非所以法天也。震東方卦也。日出暘谷。兌西方卦也。日入昧谷。八月正兌之時。雷藏于澤。此向晦之象也。澤亦是地。不可執泥澤字。中爻巽爲入。艮爲止。入而止息之象也。

初九。官有渝。貞吉。出門交有功。

隨卦初隨二。二隨三。三隨四。四隨五。五隨六。六不論應與。官者主也。震長子主器。官之象也。渝者變而隨乎二也。初爲震主。性變動。渝之象也。故訟卦四變中爻爲震亦曰渝中爻艮門之象也二與四同功二多譽功之象也故九四小象亦曰功○初九陽剛得正當隨之時變而隨乎其二二居中得正不失其所隨矣從正而吉者也故占者貞吉然其所以貞吉者何哉蓋方出門隨人之始即交有功之人何貞吉如之故又言所以貞吉之故

象曰官有渝從正吉也出門交有功不失也

二中正所以從正吉交有功則不失其所隨矣舊註不知入卦正位震在初乃極美之爻所以通作

戒辭者。

六二係小子失丈夫

中爻巽爲繩。係之象也。陰爻稱小子。陽爻稱丈夫。陽大陰小之意。小子者三也。丈夫者初也。○六二中正。當隨之時。義當隨乎其三。然三不正。初得正。故有係小子失丈夫之象。不言凶咎者。二中正所隨之時不能兼與也。

象曰係小子弗兼與也

既隨乎三。不能兼乎其初。

六三係丈夫失小子隨有求得利居貞

丈夫者九四也。小子者六二也。得者四近君爲大臣。求乎其貴、可以得其貴也、中爻巽、近市利三倍、求乎其富、可以得其富也。○六三當隨之時義當隨乎其四。然四不中正。六二中正。故有係丈夫失小子之象。若有所求。必有所得。但利乎其正耳。三不中正。故又戒占者以此。

象曰係丈夫志舍下也舍音捨

時當從四。故心志捨乎下之二也。

九四隨有獲貞凶有孚在道以明何咎

有獲者得天下之心隨于已也。四近君爲大臣。大臣之道。當使恩威一出于上。衆心皆隨于君。若人心隨已。危疑之道也。故凶。孚以心言。內有孚信之心也。道以事言。凡事合乎道理也。明者、識保身之幾也。有字在字以字。雖字義稍異。然皆有功夫。若以象論。變坎、有孚之象也。震爲大塗、道之象也。變坎錯離、明之象也。又中爻艮有光輝、亦明之象也、

○四當隨之時義。當隨乎其五。然四爲大臣。雖隨

有獲而勢陵于五故有有獲貞凶之象所以占者凶然當居此地之時何以處此哉惟誠以結之道以事之明哲以保其身則上安而下隨即無咎而不凶矣故又教占者以此

象曰隨有獲其義凶也有孚在道明功也

義凶者有凶之理也有孚在道明功者言有孚在道皆明哲之功也蓋明哲則知心不可欺而内竭其誠知事不可苟而外合于道所以無咎也周公爻辭三者並言孔子象辭推原而歸功于明何以

驗人臣明哲爲先昔漢之蕭何韓信皆高帝功臣信旣求封齊復求王楚可謂有獲矣然無明哲不知有獲貞凶之義卒及大禍何則不然帝在軍中遣使勞何何悉遣子弟從軍帝大悅及擊陳豨遣使拜何相國封五千戶何讓不受悉以家財佐軍用帝又悅卒爲漢第一功臣身榮名顯若何者可謂知明功臣者矣孔子明功之言不其驗哉

九五孚于嘉吉

八卦正位兌在六乃爻之嘉美者且上六歸山乃

嘉遯矣。故曰孚于嘉。○九五陽剛中正。當隨之時義當隨乎其六。故有孚于嘉之象。蓋隨之美者也。占者得此。吉可知矣。

象曰孚于嘉吉位正中也

惟中正故孚于嘉。

上六拘係之乃從維之王用亨于西山

係即六二六三之係。維亦係也。係之又維之。言係而又係也。詩縶之維之。于焉嘉客是也。言五孚于六如此。係維其相隨之心固結而不可解也。如七十子之隨孔子。五百人之隨田橫。此爻足以當之。變乾。王之象也。指五也。兌居西。西之象也。兌錯艮。山之象也。六不能隨于世人。見九五維係之極。則必歸之山矣、隨蠱相綜、故蠱卦上九不事王侯、亦有歸山之象、亨者。通也。王用亨于西山者。用通于西山以求之也。亨西山與謙卦用涉大川同、皆因有此象、正所謂無此事此理、而有此象也、○上六居隨之終、無所隨從、見九五相隨之極、則遯而歸山矣、故有此象、蓋隨之至者也、占者得此、吉可知

矣

象曰拘係之上窮也

上者六也窮者居卦之終無所隨也非凶也

䷑ 巽下艮上

蠱者物久敗壞而蠱生也以卦德論在上者止息而不動作在下者巽順而無違忤彼此委靡因循此其所以蠱也序卦以喜隨人者必有事故受之以蠱所以次隨

蠱元亨利涉大川先甲三日後甲三日

利涉大川者。中爻震木在兑澤之上也。先甲後甲者。本卦艮上巽下。文王圓圖艮巽夾震木于東之中。故曰先甲後甲。言巽先于甲。艮後于甲也。巽卦言先庚後庚者。伏羲圓圖艮巽夾兑方于西之中、故曰先庚後庚、言巽先于庚、艮後于庚也、分甲于蠱者、本卦未變上體中爻震木下體巽木也、分庚于巽者、本卦未變上體綜兑金下體綜兑金也、十干獨言甲庚者、乾坤乃六十四卦之祖、甲居于寅、坤在上乾在下爲泰、庚居于申、乾在上坤在下爲否大往小來小往大來天地之道不過如此物不可以終通物不可以終否易之爲道亦不過如此所以獨言甲庚也曰先三後三者六爻也先三者下三爻也巽也後三者上三爻也艮也不曰爻而曰日者本卦綜隨日出震東日沒兌西原有此象故少不言一日二日多不言九日十日而獨言先三後三者則知其爲下三爻上三爻也明矣以先甲用辛取自新後甲用丁取丁寧此說始乎鄭玄不成其說矣○當蠱之時亂極必治占者固元亨

矣。然豈靜以俟其治哉。必歷涉艱難險阻以撥亂反正。知其先之三爻。乃巽之柔懦。所以成其蠱也。則因其柔懦而矯之以剛果。知其後之三爻乃艮之止息。所以成其蠱也。則因其止息而矯之以奮發。斯可以元亨而天下治矣。

伏羲圓圖

乾　巽　坎　艮　坤　震　離　兌

文王圓圖

離　坤　兌　乾　坎　艮　震　巽

彖曰蠱剛上而柔下巽而止蠱蠱元亨而天下治也利涉大川往有事也先甲三日後甲三日終則有始天行也

以卦綜卦德釋卦名卦辭剛上而柔下者蠱綜隨隨初震之剛上而爲艮上六兌之柔下而爲巽也剛上則太尊而情不下達柔下則太卑而情難上通巽則諂止則惰皆致蠱之由所以名蠱既蠱矣而又元亨何也盖造化之與人事窮則變矣治必因亂亂則將治故蠱而亂之終乃治之始也如五

代之後生唐太宗、五季之末生宋太祖是也、治蠱者當斯時、則天下治矣。故占者元亨。往有事。猶言往有爲。方天下壞亂。當勇往以濟難。若復巽懦止息。則終于蠱矣。豈能元亨。終始即先後。成言乎艮者終也。齊乎巽者始也。終則有始。若晝之終矣。而又有夜之始。夜之終矣。而又有晝之始。故亂不終亂。亂之終。乃其治之始。治亂相仍。乃天運之自然也。故治蠱者必原其始。必推其終。知其蠱之爲始爲先者。乃巽也。則矯之以剛果。知其蠱之爲終

為後者乃艮也則矯之以奮發則蠱治而元亨矣
恒卦上體震綜艮下體巽故亦曰終則有始

象曰山下有風蠱君子以振民育德

山下有風則物壞而有事更新矣振民者鼓舞作興以振起之使之日趨于善非巽之柔弱也此新民之事也育德者操存省察以涵育之非艮之止息也此明德之事也當蠱之時風俗頹敗由于民德之不新民德不新由于己德之不明故救時之急在于振民振民又在于育德蓋相因之辭也

初六幹父之蠱有子考无咎厲終吉

艮止于上。猶父道之無爲而尊于上也。巽順于下。猶子道之服勞而順于下也。故蠱多言幹父之事。幹者。木之莖幹也。中爻震木。下體巽木。幹之象也。木有幹。方能附其繁茂之枝葉。人有才能。方能振作其既墜之家聲。故曰幹蠱有子者。即禮記之幸哉有子也。○初六當蠱之時。才柔志剛。故有能幹父蠱之象。占者如是。則能克蓋前愆。喜其今日之維新。忘其前日之廢墜。因子而考亦可以無咎矣。

但謂之蠱。未免危厲。知其危厲。不以易心處之。則終得吉矣。因六柔。故又戒之。以此。

象曰幹父之蠱意承考也

意承考者、心之志意在于承當父事。克蓋前愆。所以考無咎。

九二幹母之蠱不可貞

艮性止。止而又柔。止則惰。柔則暗。又當家事敗壞之時。子欲幹其蠱。若以我陽剛中直之性。直遂幹之。則不惟不堪。亦且難入。即傷恩矣。其害不小。惟當屈已下意巽順將承使之身正事治則亦已矣故曰不可貞事父母幾諫是也若以君臣論周公之事成王成王有過則撻伯禽皆此意也易之時正在于此○九二當蠱之時上應六五六五陰柔故有幹母蠱之象然九二剛中以剛承柔恐其過于直遂也故戒占者不可貞委曲巽順以幹之可也

象曰幹母之蠱得中道也

得中道而不太過即不可貞也

九三幹父之蠱小有悔无大咎

悔以心言悔者因九三過剛則幹蠱之事更張措置之間未免先後緩急失其次序所以悔也咎以理言然巽體得正能制其剛則其幹蠱必非私意妄行矣所以無大咎○九三以陽剛之才能幹父之蠱者故有幹蠱之象然過剛自用其心不免小有悔但爲父幹蠱其咎亦不大矣故其占如此

象曰幹父之蠱終无咎也

有陽剛之才方能幹蠱故周公僅許之而孔子深

許之也○

六四裕父之蠱往見吝

裕寬裕也○強以立事爲幹○怠而委事爲裕○正幹之反也○往者以此而往治其蠱也○見吝者立見其羞吝也○治蠱如拯溺救焚○猶恐緩不及事○豈可裕○六四以陰居陰○又當艮止○柔而且怠○不能有爲○故有裕蠱之象○如是則蠱將日深○故往則見吝○戒占者不可如是也○

象曰裕父之蠱往未得也

未得者未得治其蠱也。九三之剛失之過，故悔。悔者漸趨于吉，故終無咎。六四之柔失之不及，故吝。吝者漸趨于凶，故往未得。寧爲悔，不可爲吝。

六五，幹父之蠱，用譽。

用者，用人也。用譽者，因用人而得譽也。二多譽，譽之象也。周公曰用譽，孔子二多譽之言，蓋本于此。九二以五爲朋，六五又取子道，可見易不可典要。宋仁宗仁柔之主，得韓、范、富、歐，卒爲宋令主，此爻近之。○六五以柔居尊，下應九二，二以剛中之才而居巽體。則所以承順乎五者。莫非剛健大中之德矣。以此治蠱。可得聞譽。然非自能譽也。用人而得其譽也。故其象占如此。

象曰幹父用譽承以德也

承者承順也。因巽體又居下。故曰承。言九二承順以剛中之德也。

上九不事王侯高尚其事

上事字事王侯以治蠱也。下事字以高尚爲事也。耕于有莘之野而樂堯舜之道是也。上與五二爻以家事言。則上爲父。五爲母。衆爻爲子。觀諸爻以幹父母言可知矣。以國事言。則五爲君。下四爻爲用事之臣。上一爻爲不事之臣。觀上一爻以王侯言可知矣。此易所以不可爲典要也。蓋當蠱之世。任其事而幹蠱者。則操巽命之權而行其所當行。不任其事而高尚者。則體艮止之義而止其所當止。如鄧禹諸臣皆相光武以幹漢室之蠱。獨子陵釣于富春是也。艮止不事之象。變坤錯乾王侯之象。巽爲高。高尚之象。○初至五皆幹蠱。上有用譽之君。下有剛中之臣。家國天下之事已畢矣。上九居蠱之終。無係應于下。在事之外。以剛明之才。無應援而處無事之地。蓋賢人君子。不偶于時而高潔自守者也。故有此象。占者有是德。斯應是占矣。

象曰不事王侯志可則也

高尚之志。足以起頑立懦。故可則。

周易集註卷之四終